Dias ensolarados no Paraizo

Dias ensolarados no Paraizo

Memórias

Brazilia Oliveira de Lacerda

Jorge Caldeira (POSFÁCIO)

Copyright © 2020 by Herdeiros de Brazilia Oliveira de Lacerda
Copyright do posfácio © 2020 by Chão Editora

A editora empreendeu todos os esforços para identificar e localizar todos os detentores de direitos autorais sobre as memórias de Brazilia Oliveira de Lacerda. Caso tenha havido alguma omissão involuntária, ficamos à disposição para esclarecimentos pelo e-mail editora@chaoeditora.com.br.

CHÃO EDITORA
EDITORA Marta Garcia
EDITOR-ADJUNTO Carlos A. Inada

CAPA E PROJETO GRÁFICO Mayumi Okuyama
PREPARAÇÃO Carlos A. Inada/Epokhé Editorial e Márcia Copola
REVISÃO Cláudia Cantarin e Clara Baldrati
TRANSCRIÇÃO DO MANUSCRITO Fátima Jacomino
COTEJO Maria Fernanda A. Rangel/Centro de Estudos da Casa do Pinhal
PRODUÇÃO GRÁFICA Lilia Góes
TRATAMENTO DE IMAGENS Jorge Bastos

DADOS INTERNACIONAIS DE CATALOGAÇÃO NA PUBLICAÇÃO (CIP)
(CÂMARA BRASILEIRA DO LIVRO, SP, BRASIL)

Lacerda, Brazilia Oliveira de, 1887-1966
    Dias ensolarados no Paraizo : memórias / Brazilia Oliveira de Lacerda ; posfácio Jorge Caldeira. — São Paulo : Chão Editora, 2020.

ISBN 978-65-99901-221-1

1. Café – Brasil – História 2. História do Brasil 3. Lacerda, Brazilia Oliveira de, 1887-1966 4. Memórias – Autobiografia 5. Mulheres – Brasil – Condições sociais I. Caldeira, Jorge. II. Título.

20-33793   CDD-920.72

Índices para catálogo sistemático
1. Mulheres : Memórias autobiográficas 920.72
Maria Alice Ferreira – Bibliotecária – CRB-8/7964

Grafia atualizada segundo as regras do Acordo Ortográfico da Língua Portuguesa (1990), em vigor no Brasil desde 1.º de janeiro de 2009.

chão editora ltda.
Avenida Vieira de Carvalho, 40 — cj. 2
CEP 01210-010 — São Paulo — SP
Tel +55 11 3032-3726
editora@chaoeditora.com.br
www.chaoeditora.com.br

Sumário

9 Dias ensolarados no Paraizo: memórias
69 Apêndice

85 Posfácio
   Jorge Caldeira

103 Notas

Fazenda Paraizo. 1893.

Eu tinha 6 annos, quando chegamos na fazenda Paraizo. 1893. Não me lembro si descemos na estação de S. Carlos, ou na estação de Floresta, que ficava mesmo nas terras da fazenda. Vangelu tinha 4 annos e Ardubal tinha 2; eram meus companheiros o dia inteiro. Elle tinha cabellos louros, cacheados, era bem claro. Casinha cheia,

Primeira página do manuscrito das memórias de Brazilia Oliveira de Lacerda.
Reprodução: Centro de Estudos da Casa do Pinhal

Fazenda Paraizo.[1] 1893.

Eu tinha seis anos, quando chegamos na fazenda Paraizo. 1893. Não me lembro se descemos na estação do São Carlos, ou na estação de Floresta, que ficava mesmo nas terras da fazenda. Vangila tinha quatro anos e Asdrúbal tinha dois; eram meus companheiros o dia inteiro. Ele tinha cabelos loiros, cacheados, era bem claro. Carinha cheia, quando corria por fora ficava bem corado. Nós o achávamos lindinho; era manso e bonzinho. Eu e Vangila tínhamos a cor de papai! éramos bem amarelinhas, nada coradas; até, uma vez na estrada de ferro, em viagem, nos encontramos com o tio Antônio Carlos [conde do Pinhal]. Ele veio logo conversar com meus pais, nos fez festa. Mais tarde soubemos que ele dissera: "Nem a brancura da Elisinha, pôde com a cor dos Lacerda". E eu digo

hoje: mal sabia o tio Antônio Carlos, que nem o vermelhão do Amadeu pôde com a palidez dos Lacerda, pois, que a maioria de meus filhos, é pálido e moreno. —
    Lembro-me tanto da casa, no Paraizo.
    Entrava-se numa sala que chamavam alpendre. Esse alpendre tinha as paredes pintadas penso que era a óleo, pois era lustroso e formava quadros, em um friso com cor mais escura; e no centro do quadro, era todo riscadinho, imitando mármore. Tinha um sofazão com palhinha no assento e no espaldar; duas cadeiras também com palhinha no assento e no espaldar, espaldar alto, e braços de madeira. De cada lado do sofazão, uma mesinha retangular de 1 × 50, pernas torneadas, com uma prateleira entre o chão e o tampo da mesa. Em cima haviam dois vasos, um rosa, outro cor de café com leite, pareciam de vidro grosso; opacos, a beirada, digo a boca toda recortada e dourada. Na outra mesinha havia um lampião que acendia com querosene. Tinha mangueira de vidro e abajur de porcelana branca com uma paisagem em cor, uma casinha, árvores, riozinho. Haviam ainda outras cadeiras com assento de palhinha, mais simples. Em madeira forte envernizadas, cor avermelhada. À direita entrava-se na sala de jantar. Era grande, tinha duas janelas para a frente, uma janela e uma porta para o lado de trás que era como um terreirinho. Terra bem batida, calçada de tijolo abeirando a casa.

Afastado da casa uns oito ou dez metros, havia um muro, subia-se uma escada de tijolos, de uns dez degraus, e dava no terreiro para café, que era bem grande, uns 200 × 50 metros.

No terreirinho, bem encostado no muro, havia um jardinzinho, só tinha dálias de várias cores; protegia o jardinzinho uma cerquinha com tela de arame. Aos domingos, mamãe enfeitava os vasos com essas dálias que eram pequenas e jeitosas, e a folhagem era galhinhos de alecrim, estes são muito jeitosos, em forma de palmas; folhagem bem lustrosa. E... de noite o alecrim dormia, tanto o que estava nos vasos, como a árvore inteira. Ficava bem fechadinho! todas as folhinhas dobradas.

Mamãe nos mostrava e dizia: "Elas vão dormir". Só havia uma *etagère* na sala de jantar; tampo de mármore, duas gavetas, armário embaixo, para cima do mármore duas prateleiras em madeira. Usava-se nesse tempo forrar as prateleiras com toalhinhas brancas e crochê na beirada, que ficava aparecendo. Ali se arrumava os copos que estavam em uso. Na prateleira de cima, cada noite, via-se enfileirados uns seis castiçais em latão amarelo com velas bem brancas e grossas. Umas inteiras, outras já gastas, mas bem limpas. Dois dos castiçais tinham velas Clichy. Eram para papai, usar na mesa do escritório. De noite cada um pegava seu castiçal e ia para seu quarto. Asdrúbal já tinha quatro anos, quando ia sozinho para seu quarto. Era ali mesmo, porta para a sala; um quarto grande com duas janelas dando para o terreirinho. Dividia o quarto, um tabique de madeira envernizada, que tomava dois terços do quarto, deixando uma passagem perto das janelas. A parte menor do quarto, era para Asdrúbal, e na maior dormíamos eu e Vangila. Duas camas de madeira, uma cômoda entre as duas camas. Não era alta, justo para se usar como mesa de cabeceira mas, as mesas de cabeceira naquele tempo, eram da altura de uma mesa comum. Desse quarto passava para o quarto de meus pais, também ali havia um tabique de madeira, fazendo um quartinho menor que era o quarto de vestir da mamãe, janelas para o terreirinho, com vidraças de suspender, presas no meio da altura com borboletas, e folhas de madeira envernizada fechavam as janelas. Os trincos eram muito bons, em ferro, prendia em cima, com um gancho, e descia um varão que virava e prendia no meio, atravessando sobre a outra folha de madeira. Em todas as outras fazendas, naquele tempo, eu via só "tramelas" de madeira; uma embaixo outra em cima, a de cima, tinha que ser aberta com um pau, ou bengala.

Esses fechos da casa no Paraizo, eram já mais civilizados. Os meus tios Antônio e Juca, pelo que me lembro gostavam de tudo bem-arrumado, tinham na fazenda um carpinteiro alemão que fez todas as mobílias; e um ferreiro que tinha uma tenda completa, onde fazia todas as ferragens, faziam as carroças e carroções ali mesmo. Isso, penso que alguns anos depois pois que ao começarem era só uma grande mata, onde fizeram os ranchos e plantaram os primeiros cafezais. Preciso pedir ao José Lacerda, as datas e os dados todos, do começo da fazenda. Na sala grande que era toda empapelada, assim como os dormitórios, na sala, via-se nos cantos uma coluna roliça. Papai me contava que eram os esteios do rancho! pois que, fazia-se um rancho coberto de sapê. Só muito mais tarde, quando já tinham feito uma olaria, é que tiveram telhas para substituir o sapê. E as paredes do rancho eram feitas de barrote. Chamavam barrote um gradeado feito com ripas de coqueiro bem amarradas nos cantos, nos esteios, se o rancho era muito grande, havia esteios no meio do comprimento do rancho. Esse gradeado era coberto com terra bem molhada, se a terra era meio piçarra, grudava melhor. Esse era o princípio. Algum tempo depois já cobriam as paredes com reboque feito com areia. Se tinha cal, nesse reboque eu não sei. Não tenho mais ninguém daquele tempo para me contar. Os meus tios eram tão caprichosos, que forraram as paredes com papel. Me lembro muito bem o papel da sala grande, tinha bananeiras, verde-claro. Do escritório de papai era marrom e doirado, nos quartos era o papel com ramagens, não me lembro a cor. Havia três quartos para hóspedes. Boas camas, poucos armários. Havia um piano Pleyel.

    As dependências da casa eram separadas, em forma de rancho também, ligadas na casa por um terracinho coberto de telha de zinco.

Nessa parte, que era encostada no muro do terreiro, as janelas eram no alto, dava no terreiro como se fossem portas, com barrotes de madeira pintados a óleo vermelho, por dentro folhas de pau, fechadas com tramelas de madeira. Havia aí uma casinha grande com fogão de ferro Econômico.

Um banco grande com seis barrizinhos de madeira, cheios de água que um camarada trazia bem cedo da biquinha. Não havia água encanada na casa. Da casinha saía um corredor, a primeira porta era a despensa de mantimento, a segunda porta despensa de toucinho, como diziam, mas ali havia, mantas de carne Rio Grande [carne-seca], panos de toucinho, grande quantidade de linguiças, e alguma carne de vaca. Saco de sal grosso; o corredor acabava no quarto do forno, onde havia o forno de tijolos para assar pão, bolos, biscoitos.

Para aquecer esse forno enchia-se de lenha picada. Quando estava tudo bem aceso, esparramava com uma vara comprida; e continuava o fogo. Quando ia acabando que ficava só o braseiro, o teto e paredes do forno deviam estar brancos. Então, com um rodo molhado na água puxava-se todo o braseiro para fora, com cuidado para não jogar as brasas nos pés, deixava o rodo, pegava uma vassoura verde, que era um amarrado de guanxuma, ou alecrim, ou outras folhas; metia a vassoura no forno e puxava, varrendo bem de todos os lados. Sentia-se um cheirinho bom de alecrim.

A forneira punha então no forno, um pedaço da folha de bananeira, ou um punhado de fubá de milho, e tampava o forno com uma tábua bem ajustada, alguns segundos e abria o forno; se o fubá, ou folha de bananeira estavam já pretejando, o forno estava quente demais. Pegava a vassoura, molhava de novo na bacia velha que ali estava com água, e salpicava dentro do forno. Ou esborrifava a água por todos os lados. Já estava ali perto um tabuleiro com folhas de banana cortadas em quadrados. Em cada folha cabiam nove ou doze biscoitos, em forma de argola, da grossura de um dedo fino.

Com uma pá de cabo bem comprido, colocava-se no forno de uma em uma, todas aquelas folhas com biscoitos. Tampava e uns vinte minutos depois abria para espiar! os biscoitos já haviam crescido e grudado uns nos outros, mas faltava corar, feche depressa o forno, não pode tomar vento, abra agora o suspiro do forno. Mais alguns minutos; estava tudo bem corado! bem crescidos. Deixa mais um pouco para secar. Então com uma varinha, metia-se no forno fisgando pelo buraco do biscoito e levantava, lá vinha uma penca, outra penca. Depois do biscoito de polvilho, com o mesmo calor enfornava-se o pão doce, e depois do pão doce, os pães de ló, e bolo de Jacareí, e sequilhos. Quando o forno tinha sido regulado, aquecido e limpo pela Clemencinha, era certinho o calor e dava para assar cada qualidade por sua vez, com o mesmo calor; mas a Clemencinha era muito prática e cuidadosa, se essa não podia vir da colônia, era a Rufina que vinha fazer de forneira, e mamãe tinha que ficar na boca do forno dirigindo tudo. Rufina nunca foi cuidadosa.

Além do forno nesse quartão tinha um poial, fogão de tijolos bem comprido, com chapa de ferro grosso, e buracos grandes para panelões; inda tinha no chão, uma trempe feita com três pedras grandes, onde se punha os grandes tachos de fazer sabão, ou goiabada, ou torrar café. Um pilão grande, um pilão pequeno, esse era só para paçoca. No grande socavam sal, café torrado quando o moinho estava quebrado.

Socavam também o açúcar em torrão, pois vinha o açúcar cru, chamavam mascavo. Ia para o fogo em tacho com água, derretia e fervia bem, coava-se então por um pano de tecido grosso, duas pessoas seguravam e a terceira pessoa ia tirando do tacho com um canecão e despejando no pano. O tacho era bem lavado, voltava aquela calda para o tacho e juntava-se a clara de um ou dois ovos; bem batida, essa clara entrava alva, e logo ficava escura, tinha tirado a sujeira do açúcar; as duas gemas soltava-se na calda, e quando cozidas, nós pedíamos para comer. Ia com uma espumadeira, tirando por cima da calda toda a sujeira que subia. "É preciso espumar muito bem", dizia mamãe. Se inda subia sujeira, punha-se uma caneca de água fria para não engrossar tanto e poder catar a espuma suja. Não aparecendo mais espuma, deixava-se engrossar, engrossar, abanando sempre com a espumadeira para que não subisse demais pois derramava, digo transbordava do tacho. Estando bem grossa a calda, pingava um pouco num prato com água fria; com os dedos juntava aquela bala, se ficava mole, precisava ferver mais. Quando endurecia no prato, e que fazia barulho como uma pedrinha, estava bom; nós comíamos a bala de açúcar; era preciso pingar várias vezes para ter bala para cada um. Então a Clemencinha descia o tacho com a ajuda de outra pessoa; largava a espumadeira e pegava uma pá pequena de cabo comprido. Ia mexendo, mexendo, ia esfriando e endurecendo. Ficava tudo em pelotas bem brancas. Quebrava as pelotas maiores batendo com a pá. Traziam então uma peneira de taquara, posta numa enorme bandeja de ferro, ou num tabuleiro de madeira forrado com papel [era sempre jornal, pois não se comprava papel de uma cor só, aproveitava os jornais velhos]. O *Jornal do Commercio*, do Rio era o preferido, bem grande e farto. Aqueles pedaços ou pelotas de açúcar iam se desfazendo na peneira. Iam depois para o sol, bem fino. A última peneirada, mamãe mandava que deixasse com as pelotinhas. A empregada já havia peneirado tanto! aquelas últimas eram as mais duras, do tamanho de ervilhas grandes; faziam um volume de um quilo mais ou menos. Essas eram recolhidas em um lindo açucareiro de porcelana branca, com frisos e iniciais azuis-claro. Todo cheio de gominhos de alto a baixo. E como era gostoso comer aqueles torrões de açúcar! eram meio amarelinhos. Se a cozinheira se enganava no ponto do açúcar, e deixava ficar duro demais, então era necessario pôr no pilão, bem lavado e enxuto, e socar; mas isso era raro, pois mamãe fiscalizava sempre e se não estava ali a Clemencinha, mamãe mesma tirava o ponto. Para torrar café era outra tarefa. Lavavam bem o café já descascado; punham num tacho bem rasinho, levavam para cima da trempe, com fogo fraco, feito só de cavacos para ter bastantes labaredas. Ia-se mexendo com um rodinho de madeira. Mexendo devagar mas de todos os lados; até que aparecia o grão todo marrom por igual. Tirava um grão e partia, devia estar por dentro também escurinho mas não preto. Descia o tacho, despejava o café num pano ou num tabuleiro, e mexia para esfriar, sair a fumaça e não ficar com cheiro de fumaça. Guardava em vasilhas de ágata azul-escura, bem tampadas, e dali tirava cada dia para moer.

Latas de folha de flandres eram raras. Usava-se muito potes de barro vidrado por dentro ou então esses boiões de ágata ou de louça que se dizia de pó de pedra.

No quarto do forno guardava-se ainda barricas com palha de milho onde se escondia cachos de banana para amadurecer. Quando iam limpar as barricas era um tal de aparecer ninhadas de ratinhos no fundo; os cachos amarelos iam então pendurados na despensa de mantimentos. Pendia das ripas do telhado, um couro ou cipós, na ponta um gancho de madeira, que chamavam cambito, e ali os cachos um em cada cambito.

    Quando eram cuidadosos, furavam uma garrafa, enfiavam no tal couro ou cipó, ficava presa no meio da altura, era para os ratos escorregarem e caírem e não alcançarem as bananas. O mesmo faziam nos varais de linguiça, e nas tábuas com queijo. O que era primitivo e péssimo eram os... sanitários; só havia fossas, com uma banca de madeira em cima, e dentro de uma casinha. Uma lá do lado do corredor da casinha para os empregados, e uma no terreirinho para nós. De vez em quando papai mandava pôr cinza dentro das fossas, outras vezes, cal; e vi também porem uma pedra azul dissolvida em um balde de água, penso que era sulfato de cobre. Papai dizia: "É muito venenoso, não deixa nada no balde". Imaginem o que aconteceu uma vez. Um gatinho caiu na privada dos empregados. Ninguém o viu cair, mas ouvia-se o miado do mísero bichinho. Nós ficamos muito aflitos! só em pensar que ia morrer ali, afogado. Tanto pedimos à mamãe que ela chamou o Severiano, que trouxesse uma escada; mandou tirar a banca, desceu a escada, e o rapaz foi descendo devagar, agarrou o gatinho pela pele do pescoço e salvou-o. Mas... foi necessário dar-lhe um grande banho com água e creolina. Depois o pusemos debaixo de um grande cesto, no sol para secar, senão iria se meter debaixo de um móvel, assim entanguido. Lembro-me que nos primeiros tempos, na fazenda, papai dizia que o administrador não servia. Não havia milho, na roça nem no paiol; e tudo estava por fazer. O tal José Leite tinha uma filharada, os rapazinhos maiores via-se a cavalo com espingarda no ombro; iam e vinham pelos terreiros. A dona Leopoldina, foi visitar mamãe. Com ares de desprezo, dizia: "A senhora não vai se acostumar aqui! Pensa que pode andar sempre com esse vestido de cassa! cheio de babadinhos!!". Ela nada tinha feito para esperar a patroa, os donos da fazenda. Não tinha estendido nem uma cama e nem uma moringa d'água havia na casa. Também durou pouco; papai mandou-os logo embora.

No sábado de noite era hora de cortar as unhas dos pés e das mãos, das crianças. Mamãe sentava numa marquesa na sala de jantar onde havia melhor luz. Penso que alguém estaria com calo no pé, pois tinha perto um vidrinho de mainardina. Não sei como, estando perto de uma vela pega fogo no vidrinho, faz grande labareda, e... mamãe que tinha lavado os cabelos, estavam ainda soltos. Era uma cabeleira enorme. Foi um susto pois quase o fogo pega nos cabelos. Esse serviço feito, nós íamos para cama. Uma vez tínhamos inventado um brinquedo muito bom. Cortávamos uma grande cidra pelo meio, tirava o miolo, ficava como uma tigelinha; enfiava um barbante em dois furinhos, como se fosse um baldinho; e pendurávamos esses baldinhos, num prego na ripa de uma cerquinha que tinha perto da casa; onde tinha uma boa sombra da amoreira. Estava uma lindeza, muitos baldinhos pendurados. Mas... no outro dia, Vangila apareceu doente com indigestão.

Mamãe procura a causa e disse que era o miolo da cidra que Vangila havia comido, e... proibiu o brinquedo com as tais cidras. Debaixo da mesma amoreira, papai havia amarrado um balanço, novinho, cordas bem fortes. Era uma delícia aquele balanço. Um dia... eu me pus em pé no assento do balanço e tão forte me balançava que perco o equilíbrio e caio em cheio, com o peito no chão. Penso que desmaiei, pois não vi mais nada. Só me lembro de estar deitada na sala de jantar, no sofazão, e ouvia mamãe dizer, vão já cortar as cordas e tirar o balanço da árvore. E acabou-se aquela delícia de balançar. Me parece que foi um pouco nervoso exagerado, pois que a vida toda vejo crianças se balançarem; e nada acontece. Aquilo foi mesmo muito descuido, ou reinação minha. Uns três anos depois de estarmos no Paraizo, lembro-me que ouvia papai e mamãe falarem em casa nova. Papai sempre fazendo desenhos. Bilu já tinha nascido, era um lindo menino, mas mamãe não teve leite para amamentá-lo, ele não se deu com leite de vaca, estava muito doente. Veio vovô Justiniano visitar-nos; e voltou logo para as Palmeiras, e de lá mandou uma moça italiana chamada Angela. Veio com o filhinho pequeno, tinha tanto leite que dava para Bilu e para o seu filho. O marido da Angela não sei se veio junto ou se ficou nas Palmeiras.

Bilu logo sarou, engordou, e então começou a tomar mamadeira com mingau de Fosfatina Falières, receitada pelo médico de São Carlos, dr. Silva Rodrigues. Eram umas latinhas com um pó como cacau bem claro, vindo da França, era muito gostoso. Mamãe me ensinou e eu fazia as mamadeiras para Bilu; numa panelinha de ágata azul, no fogareiro com álcool, ali mesmo na sala de jantar. Às vezes punha álcool demais no fogareiro que era bem primitivo, custava a apagar. Fazia uma labareda e eu tinha tanto medo. Tinha só oito anos. Bilu era muito exigente, não queria ficar no carrinho, era um lindo carrinho de junco, todo forrado de oleado e com bom colchão e roupas bonitas. Mas o tadinho chorava; quando mamãe estava muito atarefada, eu tinha que empurrar o carrinho de um lado para outro da sala. Depois eu tinha que ler a lição com mamãe, e vinha Vangila empurrar o carrinho. Aprendi também a fazer um creme de copinho. Papai gostava, e Asdrúbal ainda mais, e creio que nós todos. Tinha que pôr quatro gemas de ovo, bem mexido com quatro colheres rasas de açúcar, depois quatro copos de leite e uma fava de baunilha. Levava para o mesmo fogareiro, tinha que mexer devagar sem parar, quando começava a engrossar, e sumir a espuma, devia tirar no fogo, para não talhar, então enchia todos os potinhos [cremeiras], eram lindas como não vejo iguais hoje. Porcelana branca, friso azul-claro, monograma idem, em cima de uma bandeja igual com pezinho.

Lembro-me que uma vez derrubei tudo! e foi aquela tristeza mas não levei nem um pito. Bilu já estava bem grandinho, tinha dois anos, tinha lindos cabelos cacheados. Asdrúbal já tinha cortado os cachos, e já se vestia de calcinha e blusa ruça. Era muito homenzinho, mas Bilu era terrível, brigava com o irmão, não queria ficar com a pajem, trazia mamãe de canto chorando. Vangila era boazinha, nunca brigávamos, mas houve algum tempo que Vangila teve "ataques de bichas", era como dizia o médico.

Ela se acordava gritando e chorando, era necessário esfregar-lhe nos pulsos e nas fontes vinagre com folhas de hortelã. E foram tantas as vezes, que mamãe já deixava no quarto o tal vinagre com folhas de hortelã, e eu mesma aplicava, em Vangila, até que mamãe se acordasse, e logo tudo serenava e continuávamos a dormir. Um irmão de papai chamado Juca, voltou da viagem à Europa. Pelo que percebi, ele tinha gasto todo o seu dinheiro e veio morar na fazenda, com meus pais. Antes de partir para essa viagem, tio Juca já havia vendido a sua parte a meu pai. Mas... tendo gasto todo o dinheiro, veio morar no Paraizo.

Meu pai e minha mãe tiveram muita paciência e bondade, pois que esse tio era um infeliz, solteirão, e estava viciado em beber. Em casa estava quieto, mas de vez em quando, montava num lindo cavalo branco e ia para São Carlos. Que tristeza! voltava fora de horas da noite embriagado. O seu quarto dava porta para fora. Mamãe mandava o Severiano levar o café, e tio Juca, dizia-se doente e só aparecia uns dois dias depois. Às vezes vinha doente de verdade.

Mandava pedir um remédio à d. Elisa. Era um gargarejo ou uma fricção pelo peito pois tinha reumatismo e doía-lhe muito a caixa do peito. Tio Juca às vezes era muito bravo e atropelava o meu gato Romão. Eu precisava esconder o gato. Nas vésperas do São João tio Juca se ocupava em pintar um coqueiro bem comprido para fazer o mastro com as bandeiras de são João e são Pedro.

Isso ele fazia na perfeição. Alguns anos mais tarde tio Juca foi morar na fazenda de um cunhado e irmã.

Era tia Das Dores e tio Joaquim. Ele tinha passado por muitos reveses, tinha quase morrido. De volta a São Paulo, meu pai o levou ao dr. Jaguaribe, que hipnotizava e tirava o vício de embriaguez: tio estava velho. Papai levou-o numa loja, comprou-lhe roupas novas e tudo que pudesse precisar, e então os tios Joaquim e Das Dores o levaram para sua fazenda, e foi um alívio para mamãe. No Paraizo as conversas da casa nova continuavam. Mamãe nos ensinava a ler e escrever, a contar; e a geografia, o que me lembro mamãe ensinava muito bem. Nos mostrava no mapa. Sabíamos, "na ponta da lingua" como se dizia, as cinco partes do mundo, mares, países, rios, lagos, montanhas, cidades. Nos mudamos para a casa nova no ano de 1897.

Então tivemos a primeira professora. Senhora alemã, Fraulein Walsman. Nos ensinava português, francês, aritmética, geografia, história universal, história santa; piano, e ainda trabalhos de agulha. Essa senhora era tratada por meus pais com toda consideração e bondade; ganhava quatro contos por ano, livros, viagens, passadio, tudo por conta de papai. Tinha um bom quarto, uma sala para dar as aulas e um terraço com bonita vista. Algumas vezes estávamos em aula e ouvíamos os gansos do lago em grande agitação e cantoria, pedíamos licença para a Fraulein e íamos olhar na janela, era quase sempre alguma visita que chegava de trole, ou algum passante, como o sr. Joaquim Alves; esse vizinho tinha licença para passar pela nossa fazenda, para encurtar o caminho. A curiosidade satisfeita, voltávamos para nossas carteiras, mas a Fraulein tinha algum trabalho para pôr as nossas cabeças no estudo novamente. Tivemos outras professoras; uma delas era uma bonita moça, dizia-se nobre, chamava-se Elvira von Bragdorf. Mas não era boa para lecionar, e não durou muitos meses. Tivemos uma velhinha muito boazinha Fraulein Josefine; a melhor foi Fraulein Pauline Perger; essa estivera vinte anos no Rio, lecionou os filhos do conselheiro Lafayette, e os filhos do barão de São Clemente. Essa gostava de ler o *Jornal do Commercio*, e conversava com papai e mamãe sobre política e tudo mais. No dia de São João inaugurou-se a casa nova. Fizeram linda festa no terreiro. Sr. Estevam e nhá Tertuliana eram muito sabidos em costumes, cantigas e danças. Fizeram o que eles chamavam congada. Eram danças onde aparecia um boi, feito de pano; dois homens iam dentro e faziam proezas. Homens e mulheres vestidos como rei, rainha, pajens; cores vivas e roupas vistosas. Mamãe mandou fazer tachadas de doce de batata, abóbora, cidra, laranja, pé de moleque e cocada. Leitões assados, e mais tanta cousa! Arrumaram uma mesa comprida com tábuas e cavaletes, coberta com pano branco, banco de tábua de cada lado, e ali serviram um lauto jantar para toda a colonada, e para todo o pessoal da fazenda. Seguiu-se o baile, samba e congada; ali mesmo no terreiro, na frente da casa nova. Isso foi de tarde, e pela manhã tinha havido uma bonita missa, rezada pelo padre Victor, e assistida por todos da fazenda. [1897.]

Continuávamos a estudar na fazenda com professora. Pouco saíamos da fazenda. Passeávamos muito a pé com mamãe. As professoras não gostavam de sair do jardim, tinham medo dos bichos-de-pé. Só uma delas, a mme. Perger, era já bem idosa, mas muito forte. Tinha morado no Rio vinte anos; essa saía cada dia de tarde mas gostava de andar bem depressa e sozinha. De volta do passeio a pé, nos sentávamos no banco do terraço que era bem cômodo mas havia ali perto duas cadeiras de vime, que eram para mamãe e papai; naquele tempo, havia sempre uma pequena diferença entre os grandes e pequenos. As cadeiras melhores, os doces mais finos, o filé, o peito da galinha! primeiro serviam-se os pais. Hoje... vejo crianças na mesa, dizerem logo: Só quero carne branca.

Mamãe, logo que sentava-se no terraço dizia: "É o banco da paciência". Chegava logo a copeira trazendo café. Muito bem-arrumado, bandeja forrada com toalhinha, xícaras de porcelana, bule de prata. O jantar era às quatro da tarde e assim às seis ou seis e meia já se tomava outro café ali ao escurecer.

A arrumadeira abria as vidraças da sala de tardezinha, para refrescar. Não havia mosquito, nem pernilongo, no Paraizo.

De noite, mamãe sentava-se na rede, na sala de jantar, e Bilu já corria para o colo da mamãe. Não sei como é que mamãe gostava da rede pois estava sempre encoletada. Embora não fosse apertado, tinha barbatanas no colete.

Asdrúbal, que nós dizíamos Loti, sentava na mesa grande com o livro *Mon journal*, e tampava os ouvidos com o polegar e as mãos apoiando a cabeçorra, cabelos sempre cortados rente. Papai cortava com máquina. Ficava ali entretido com a leitura até às oito e meia. A essa hora, papai vinha do escritório para tomar chá; já ali estava arrumado com pão de ló, bolo de Jacareí, biscoito de polvilho, etc. Era a mesma fartura que os lanches de hoje. Os gatos ficavam no terracinho e logo que se apagava a luz do escritório, eles se esfregavam na porta da sala de jantar para papai não se esquecer deles. E era cada dia a mesma cousa, ganhavam um prato com leite e pão, ali no chão do terraço. Nesse tempo já não tinha mais o sr. Romão, meu gatão querido já tinha morrido. Tinha o Capi, cachorrinho de raça mobs, muito bonitinho. Era de Vangila; dormia no corredor da casinha, debaixo da escada, numa caminha com colchão e lençol. Às nove horas subíamos nós três, e nos deitávamos, em dois quartos que davam porta para o quarto de nossos pais. Eu inda lia um pouco na cama. Vangila ficava em pé na cama, pegava as cobertas nos ombros, se enrolava nas mesmas, com o pé puxava bem a ponta do lençol, então deixava o corpo cair sobre os joelhos, e depois deitava-se, parecia um cartucho ali na cama. Nesse tempo já não tinha os ataques de bichas, ou lombrigas. No outro dia papai batia na minha porta às seis e meia. Às sete e meia eu devia estar vestida, tomado café, e sentando no piano para estudar, Vangila e Loti entravam às oito horas para a classe, e Capi corria atrás e ficava deitado no primeiro degrau da escada. Quando batia o sino para o almoço às nove e meia, Capi era o primeiro a levantar-se, esperava Vangila aparecer e corria escada abaixo. Depois do almoço saíamos para o jardim e só às onze e meia tocava a campainha no hall de cima, tínhamos que voltar para a classe. Isso o ano inteiro, regime de colégio. Algumas vezes chegavam visitas para o almoço. O dr. Heitor de Sá, o dr. Rafael Sampaio Vidal, ficavam no escritório com papai e só apareciam na mesa do almoço. O único vizinho que aparecia era o José Infante Vieira, com sua esposa d. Jocelina. Ele administrava a fazenda Canchim, que tinha sido do capitão Joaquim Manoel Alves, e agora pertencia ao Banco do Brasil. Essa fazenda foi depois comprada muito barato pelo sr. Marcolino Barreto, senhor muito sabido e político, que depois vendeu a fazenda ao governo, como está até hoje. Tem criação de animais de raça e é um tal sr. Viana que toma conta, — o médico melhor de São Carlos era então o dr. Júlio Xavier; mulato, chegado do Rio de Janeiro. Mr. Benjamin Guild e d. Stella, engenheiro eletricista; dr. Acácio Werneck, advogado; dr. Fernando Terra, advogado, cunhado do dr. Olympio Portugal, este era médico, morava em Araras e era íntimo em casa de meus parentes de lá; tio Justiniano, os Coimbra e os Ararys.

Lembro-me muito bem dessas pessoas que eram as relações de meus tios Paranaguá, que moravam em São Carlos. Tinha também o dr. Gastão de Sá, sua filha muito bonitinha Maria Alice e seu filho Quintino, amigo de meu irmão Loti.

Segue em outro caderno.

———

Em 1897 nos mudamos para a casa nova do Paraizo, não me lembro em que mês foi isso; talvez no mês de junho, pois nas festas para inauguração da casa, houve fogueira, fogos e danças no terreiro. Também não me lembro como foi a mudança, nem a impressão que tive dormindo no sobrado, no quarto novo, era todo azul, isso me lembro, entrava-se pelo quarto de meus pais ou pelo quarto dos irmãos. Bilu já tinha quase dois anos, era um lindo menino, tinha uns olhos bonitos, cabelos cacheados, uma boquinha vermelha. No terraço da sala de jantar, nós o medíamos, era justo da altura da grade. Andava sempre com umas camisolinhas muito bonitas, espécie de vestidinhos, pois naquele tempo os meninos só vestiam roupa de homem, de seis ou cinco anos para cima. E até essa data de cabelos cacheados e compridos. De noite, mamãe na rede com Bilu no colo, ali no canto da sala de jantar. Asdrúbal lendo o *Mon journal* na mesa grande, eu e Vangila fazendo algum trabalho de agulha, sentadas nas cadeirinhas de vime que traziam do terraço. Durante alguns meses houve uma cousa que nós meninas achávamos graça: Chegava na porta da sala a preta Delfina, ótima cozinheira e dizia: "Siá dona Elisa, já acabei". Era para ganhar um cálice de pinga e ir dormir. A Delfina tinha o vício de se embriagar então descobriu esse jeito. Eu me levantava, tirava ali do armário a garrafa, enchia o cálice e entregava à Delfina, ela fazia uma cara radiante, bebia e ia estalando a língua e gingando ou se requebrando toda. Ia direito para o quarto, dormia e amanhecia bem. E assim durante mais de um ano, mamãe pôde conservar a Delfina. Pois quando ela quis sair, me entregou um bauzinho com algumas roupas e um quadro de santo.

Foi para Capivari e nunca mais voltou. Nem me lembro o que fiz do santo e das roupas da pobre Delfina. Havia uma portuguesa muito boa, ótima lavadeira e passadeira, chamava-se Ana de Magalhães. De noite sentava nos degraus da escada de serviço pois ali tinha boa luz e fazia meias, com cinco agulhas.

Ana nos contava histórias de Portugal. Tinha Eva, mulher do Maximino; ela preta, muito limpa, era pajem de Bilu.

O Maximino carroceiro uma vez veio para casa muito queixoso, tinha caído e a carroça vazia, passou-lhe sobre o peito. Era o que ele contava. Papai examinou, por fora nada se via, deu-lhe vinte gotas de arnica em água para beber, e cada dia tinha que beber um chá de folhas de limão-bravo com as vinte gotas de arnica. Outra cena se deu com mamãe um dia. Estavam duas moças portuguesas em casa aprendendo o serviço.

Maria e Francisca, estou vendo a cara de ambas, uma manhã vem a cozinheira contar a mamãe que a Francisca havia despejado toda a leiteira de leite na pia, para que as outras não bebessem. Mamãe encontra a Francisca varrendo o alpendre e pergunta: responde ela "fiz mesmo".

Não houve dúvida, bem no batente estava pendurado o chicotinho de papai sair a cavalo. Foi só erguer a mão, pegar o chicotinho e dar algumas lambadas nas costas da Francisca, e disse: "vá já tirar o uniforme e desça para casa de seu pai".

Pois algumas horas depois vem o pai com a Francisca por diante. "Senhora d. Elisa, fez muito bem, peço receber de novo esta rapariga que tem mau gênio, mas que agora vai endireitar." E a Francisca foi uma boa empregada durante mais de um ano, quando saiu para casar-se. E as moças da colônia diziam "moça que não fica com d. Elisa, não presta para casar". Todas as tardes saíamos para passear a pé. Um caminho que gostávamos muito era o seguinte: perto da máquina [casa da máquina de beneficiar café] havia um pulador. Chamavam um pulador uma escadinha dos dois lados da cerca, para não ter porteira pois só deviam ali passar pedestres. Descíamos no pasto atrás da serraria, ali sempre cheio de toras de madeira, e muitas vezes a grande serra trabalhando, outras vezes só a serra circular, que cortava a lenha, e outras cousas menores que as toras. Entrávamos, dávamos boa-tarde ao Agostinho; aquele cheirinho de madeira serrada. Saíamos do outro lado e descíamos pelo pasto até o rego-d'água do monjolinho.

Eu achava uma beleza aquele riozinho de água clara, mesmo cristalina por cima de umas pedrinhas. Passávamos a ponte e antes de seguir o passeio, virávamos do lado da casinha do monjolo. Mamãe abria e entrava para ver se estava limpo e em ordem. Saíamos, continuávamos até a coloninha. Eram cinco casas unidas onde moravam só pretos. A primeira casa de Manoela e… não me lembro o nome do marido. Ela era muito feia e tinha o corpo igualzinho com os figurinos daquele tempo. O traseiro bem empinado e o busto bem cheio, mas caindo sobre a cintura. Mamãe tinha às vezes, ataque de riso quando lembrava de Manoela. Outro casal era Clemência e Benedito, muito bons, tinham vários filhos. Outro era José Mulato e Felicidade, essa era muito bonitinha sempre muito limpinha, vinha nos falar tão sorridente, mamãe a chamava "La rieuse", os filhos Antônio, Rafael, Manoel e Miguel. Dava-se uma prosinha na frente da coloninha, passávamos noutro pulador, e entrava no cafezal da Biquinha; ali era a nascente d'água muito clara; ao pé era o pé de limão-bravo de onde se tirava as folhas para fazer o chá medicinal.

Saía da Biquinha, ia pelo carreador abeirando a cerca até a porteira do tanque; tanque chamam hoje "lago", entrava e abeirava o tanque até chegar em casa. Levava uma hora esse passeio; era só chegar e sentar no banco do terraço, esperar o cafezinho.

Chegava papai sempre muito encalorado. Pedia os chinelos.

Ao escurecer chegava o empregado, nunca se teve administrador, era um fiscal ou o ajudante. Durante anos foi o Marciano Casanova, mulato antigo escravo. Depois foi o Antônio Lourenço português, depois o Paulino Nunes, esse era bem moço, bonito, casou-se com Clara, filha do Marciano, mas não deu certo. Tinham uma filhinha, Hermelinda, quando separaram-se. Mamãe dizia que a mãe do Paulino era uma portuguesa insuportável que tinha feito tanto mexerico que ocasionou a separação do casal. Clara voltou para casa dos pais com a filha; essa ficou uma moça bem-educada e prestimosa. Depois casou-se, perdi de vista essa família, os velhos morreram. Mas hoje quando eu penso como era, eu estranho. Papai nunca fazia entrar, nem sentar-se esses empregados. Ele tinha os serviços já tão certos, e penso que já teria durante o dia corrido tudo, já estava ao par, então aquela conversa era só para dar as ordens para o dia seguinte, e fazia rápido. Se o café chegava na hora, serviam uma xícara ao fiscal que tomava ali mesmo em pé, dava boa-noite e se retirava.

Durante muitos anos só se tinha iluminação com grandes lampiões a querosene, eram os lampiões belgas. Depois foi gás acetileno, essa dava também luz muito boa e não tinha o cheiro de querosene, pois que a luz dos lampiões era ótima mas deviam estar sempre muito bem regulados e limpos. Mamãe ensinava a limpar a mecha com uma rolha queimada, e às vezes até precisava cortar com uma tesoura. Mais tarde já se teve eletricidade em toda a casa e até nas colônias, a luz vem de São Carlos. Todos os anos íamos para São Paulo, onde passávamos uns dois meses; morávamos na rua Barão Tobias, bem em frente à Beneficência Portuguesa. Nos domingos ouvíamos missa ali na Capela da Beneficência.

Era missa curta, sala boa e não muito cheia; via-se sempre ali o barão de Piracicaba [tio Rafael] com três filhas, Elisa, Sofia e Tuda, e o filho José que era ainda um rapazinho. O barão, de sobrecasaca e cartola, as filhas muito bem-vestidinhas. A família de d. Victoria Almeida Lima, dos Almeida Prado, dos Nicolau Vergueiro, sr. Silvano Anhaia, sr. Camillo Levy, sr. professor Luiz Chiafarelli. Esse, não era na missa que eu via. O professor Chiafarelli morava bem em frente a nossa casa, ouvia-se piano o dia inteiro, e papai não gostava muito. No ano de 1900 papai comprou outra casa na mesma rua, para isso fez negócio com o sr. Eduardo Prates [mais tarde conde de Prates]. Ouvi falar no negócio, papai deu a casa na qual morávamos e mais 35 contos de réis. A casa estava muito estragada e teve que sofrer grande reforma, que custou bem caro, mas não sei quanto. Ficou uma ótima casa, onde meus pais moraram uns trinta anos, mudando-se depois para Higienópolis.

Em São Paulo, mamãe saía comigo e Vangila para visitar os parentes. Chamava um carro, era um carro da praça, forma Vitória, custava cinco mil-réis a hora, e três mil-réis a corrida. Mamãe tomava por hora. Os parentes primeiros a serem visitados era tio João Batista, e tia Sofia. Tio Lulu e tia Ana Flora [os barões de Mello e Oliveira]. Tia Julia, já era viúva e morava com prima Sebastiana e dr. Paula Machado. Tia Mariquinhas [baronesa de Piracicaba], esses eram tios de mamãe. Em casa de vovô Justiniano e vovó Gabriella íamos quase todos os dias. Os parentes de papai eram os barões de Arary; os tios João Soares, Chico Soares, Juca Soares, prima Nicota Penteado, Ignacio Penteado, tio Joaquim Camargo. Ah! esse era uma delícia. Tinham uma linda chácara na rua Vergueiro, dizia-se Vila Mariana. Era preciso ir de carro até a rua São Joaquim, ali tomava um trenzinho a vapor, uns três bondes abertos, e logo chegava na chácara Conceição; era tio Joaquim, tia Das Dores, tia Candinha, Julietta, Judith, Romeo, Olavo e Gilberto, esse morreu pequeno. Nossas companheiras eram as duas meninas e Romeo. Olavo não gostava de brincar. Uma linda chácara muito bem tratada, lindo arvoredo, muita flor, uma estufa cheia de begônias e avencas, e parasitas. No fim da chácara tinha até vaca de leite, uns animais em lugar cercado e bem-arrumado.

Ali passávamos o dia. — Acabada a temporada de São Paulo mamãe aprontava as malas e voltávamos para o Paraizo. Na casa nova do Paraizo tinha tudo, mas os talheres de prata eram os mesmos que se usava em São Paulo e na fazenda. E também alguma roupa de cama e de mesa mais fina, que era para quando recebia-se hóspedes. Deixava-se em São Paulo uma boa caseira, era sempre um casal de confiança. O trem saía da estação da Luz às cinco e vinte da manhã. De véspera seguiam as malas despachadas como bagagem, e já se encomendava dois carros, mamãe, papai, a professora, e nós quatro e mais as malinhas e cestas de farnel. Só vendo o farnel. Paçoca, arroz, virado de galinha, e outra galinha frita. Tudo arrumado em guardanapos, trouxinhas bem-arrumadinhas. Levava-se pratinhos de louça e talheres. Não se usava prato de papelão. Garrafa com água, copos. Tudo muito direito e farto. No trem nada havia para se comer, eram muitas horas de viagem. Chegada a hora, mamãe abria a cesta, e as trouxinhas, arrumava em cada pratinho e ia dando a cada um com guardanapo e garfo. Uma vez encontramos no trem o primo Maseirinha, que aceitou o prato e parece gostou muito. Descia-se na estação de São Carlos, e seguíamos de trole para o Paraizo. Não me lembro em que ano, talvez em 1896, havia grande epidemia de febre amarela, no Rio, em Santos, São Paulo, e várias cidades do interior. São Carlos também tinha a tal febre, então papai nos fez mudar de trem na estação, para o ramal de Água Vermelha, que era um trem menor que passava pela estação Babilônia e Floresta, onde descíamos, já era nas terras do Paraizo, e ali encontrávamos os troles da fazenda. Nessa temporada de São Paulo os nossos passeios eram, de manhã, no Jardim Público da Luz. Íamos a pé, com a professora. Levava-se pão para dar aos cisnes e aos veados, e nozes ou amêndoas para dar aos macacos. Eu gostava muito, achava divertido. Eu, Vangila e Loti, Bilu inda era muito pequeno, ficava em casa. Outro passeio que eu gostava muito, era com papai e mamãe, e nós duas. Íamos a pé até a cidade, o triângulo, como diziam, subíamos a rua São João que era estreita e feia; no largo do Rosário [hoje praça Antônio Prado] tinha a Igreja do Rosário. Virávamos pela rua São Bento até a rua Direita. Não havia a praça do Patriarca. O Viaduto do Chá desembocava já na rua Direita. Ali na esquina tinha a casa dos barões de Três Rios, e outras casas de sobrado, todas residenciais. Subia-se a rua Direita até a rua 15 de Novembro, contavam que essa era antigamente rua da Imperatriz, mas no meu tempo, já era rua 15 de Novembro. Íamos pela rua 15 até chegar no Progredior. Era uma sala grande onde havia mesinhas e muitos homens tomando cerveja. Atravessando a sala, ficávamos num terraço onde nos serviam sorvetes. Desse terraço tinha-se bonita vista para uma parte da cidade mais baixa e iluminada. Na sala grande só ficavam homens tomando cerveja, mas havia uma senhora, de muito boa família, que costumava lá ir. Logo as más-linguas a apelidaram: "a Fiscal do Progredior". Sei muito bem o nome, mas não deixo aqui, pois hoje os netos, que são todos distintos, não gostariam de ouvir falar. Talvez esses mais moços, nem saibam da fama da avó. — Algumas vezes, não entrávamos no Progredior, mas sim no Nagel, confeitaria alemã, as donas, duas moças muito altas estavam no balcão. Era o único lugar onde havia mulheres como caixeiras ou vendedoras. Ali comprávamos peixinhos de açúcar cheios de licor, e entrávamos para comer doce.

Ótimas tortinhas. Uma vez nesse passeio, estava um homem na calçada ali na rua 15, convidando para entrar.

    Papai nos fez entrar, era só uma cortina na porta. Sentamos, filas de cadeiras; uma sala pequena. Via-se numa tela branca figuras se movendo. Chamavam lanterna mágica. Tudo só preto e branco; figuras muito simples e ingênuas. Não tinha história; e na saída vendiam uns livrinhos moles que se fazia virar, ou desfolhar, segurando com o polegar. Nesses via-se também figuras se movendo. Papai comprou e nos deu, era uma menina pulando na corda. Outra menina dando milho às galinhas. Esse foi o começo do cinema.

    Para voltar para casa tomava-se o bonde ali em frente ao Mercado que era onde é hoje o Correio. Bonde burro, dois burros puxavam quando chegava numa subida, havia ali um homem e um burro, mesmo sem o bonde parar o homem atirava a rédea ao cocheiro, e enganchava a balancinha do burro no bonde. Terminando a subida havia outro homem que retirava a tal balancinha, e pegavam a rédea que o cocheiro atirava, esses homens não usavam uniformes e sempre de chapéu na cabeça, os cobradores tinham boné e andavam no estribo do bonde. Depois do ano 1900, ou pouco antes, apareceram bondes elétricos, grandes, bonitos, mas os cobradores inda andavam pelo estribo, pagava-se duzentos réis; e nos dias de muita gente, esse bonde puxava um pequenino, onde pagava-se só cem réis; eram chamados os "caraduras".

Creio que aproveitavam para isso os bondinhos de burro. De tarde era costume ficar na janela, tomando a fresca e vendo gente passar. A família toda ali na sala, proseando, as moças um pouco na janela, um pouco na prosa. As nossas vizinhas e amigas, família Almeida Prado, tinham um jardim grande e bonito; e no canto como um terraço, ali ficavam nas tardes de bom tempo. Vinham também as filhas de d. Victoria, as filhas do dr. Nicolau Vergueiro, esse chamava mamãe de prima. Bem em frente à casa dos Almeida Prado, moravam umas mocinhas muito bonitas, que já usavam pintar o rosto; sendo a casa dos Almeida Prado mais alta, avistava-se dentro da casa das mocinhas e o que descobrimos: pelo espelho que elas tinham na sala, refletia, e nós víamos que as tais, não tinham vestido a essa hora, só uma blusa muito bonita, e a saia de baixo aparecia, eram saias até o chão com babados e renda. Penso que não se vestiam direito para economizar as roupas. Era uma família modesta, sabia-se que a mãe cozinhava e as moças costuravam e não tinham empregadas. Depois soubemos que casaram-se bem, mas nunca soube o nome das tais; só sei que eram muito bonitas, uma loura e a outra morena. Numa dessas tardes, ouviu-se um barulho diferente, parecia arrastando latas, estalando. O que havia de ser? O Armando Penteado, rapazinho novo, chegado da Europa, com seu automóvel. Era uma cousa bem feia, mais parecia uma aranha; e que barulho fazia! O Armando morava na mesma rua, lá bem em cima, inda era a rua Alegre; depois, e até hoje Brigadeiro Rafael Tobias. Descia na disparada e tornava a subir a rua. Penso que ele estava aprendendo a guiar. Lembro-me também das touradas na praça da República. Imaginem a praça da República, sem jardim nem árvores. Nesse chão de terra, algumas poças d'água, pois era mês de janeiro, tempo de chuva. Armavam ali umas arquibancadas, uma espécie de circo. Me lembro de ter passado por ali, vi só por fora. Diziam que era circo de touros. Os meus primos, filhos de tia Evangelina lá iam, o pai, tio Antônio de Barros era muito grandioso. Alugava dois carros e levava os filhos, a esposa e até as empregadas, para verem as touradas. Ouvi esses comentários.

Voltemos a relembrar a vida calma e boa do Paraizo. Papai falava em aumentar os cafezais, pois que atravessando a estrada de ferro, tinha a mata e terras muito boas. Levaram a derrubar essa mata, deixaram secar, e quando menos esperávamos papai nos disse que ia fazer a queimada, ia pôr fogo na derrubada. Mamãe ficava muito cuidadosa. Essas terras eram longe, talvez alguns quilômetros distantes mas bem em frente à casa do Paraizo. Vimos todo o fogo. Um espetáculo bonito, mas selvagem e assustador. Subiam aquelas labaredas fazendo como um caracol no ar, muita fumaça, e deslocava o ar provocando forte vento. Papai tinha mandado fazer aceiros de todos os lados, para defender a nossa mata vizinha e outra fazenda. Só à tardinha papai chegou em casa, muito cansado, tendo deixado lá na queimada, uns homens de confiança, para vigiarem caso o fogo passasse para o vizinho. E de noite foi lindo para se ver. Todo aquele chão era um braseiro só. Aqui e ali levantava uma labareda, de outro lado, com o vento eram faíscas que subiam para o céu. Estávamos achando muito linda, mas quando papai nos contou que estava triste pois o Maroto tinha sumido, e provavelmente, se meteu na roçada atrás dos preás e das lebres, e terá morrido queimado, o Maroto! um cachorro vira-lata mas tão bonzinho! nos acompanhava nos passeios, era amarelo com riscas pretas. Talvez mestiço de perdigueiro e por isso queria caçar. Pobre Maroto!! Papai disse: "Eu devia ter mandado prendê-lo aqui, era certo que ia correr atrás dos preás e das lebres". Acabou-se o nosso Maroto. Esse ano papai disse que ia plantar milho e abóbora na roçada, e que já ia alinhar para plantar café. Já havia guardado algum café-cereja para essa plantação.

    Para alinhar o café papai arranjou uma cordinha bem comprida, e de espaço em espaço, amarrava nessa cordinha um pedaço de baeta vermelha. Mamãe já havia cortado as tiras bem iguais, e penso que eram colocadas na cordinha, com dezoito palmos de distância uma da outra, e ali amarradas. Diziam plantar café a dezoito palmos, outros preferiam a dezesseis palmos, para ficarem as árvores mais juntas, e assim era menos chão para carpir, pois na sombra da árvore o mato crescia menos. Mas ali a terra era nova e muito fértil, as árvores ficaram enormes e não era praguejado. Como não havia geada, no município de São Carlos, um cafezal de três anos já produzia café. Naquela mesma roçada, com aquela quantidade de paus, árvores e galhos que escaparam do fogo cortava-se pauzinhos todos do mesmo tamanho, penso que uns quarenta centímetros, dizia-se dois palmos, e com esses pauzinhos cobria-se cada cava onde se havia posto uns seis grãos de café-cereja, já murchinho, quase seco. Essa cava devia ter dois palmos quadrados a um palmo de fundo. Penso que não levava três meses, apareciam umas folhas redondas que diziam orelha-de-onça, e algum tempo mais apareciam duas folhinhas pontudas e diziam estar encruzando. Então já era necessário abrir um pouco o tapume, tirando os paus e pondo dois em um sentido, dois em outro sentido, atravessado formava uma casinha levantada do chão e deixando entrar ar e sol. Para tratar esse cafezal, era grande, eram 200 mil pés, papai construiu cinco casas muito boas, de tijolos, cobertas de telha, telhas e tijolos feitos na mesma fazenda, pois havia uma boa olaria, ali, perto da estação da Floresta.

    Escolheu na colônia do Paraizo cinco das melhores famílias, e contratou com eles o serviço a parceria. Eles diziam "trato a meia". Durante cinco anos eles eram obrigados a cuidar desse cafezal. Podiam plantar milho e feijão; uma carreira no vão das ruas do cafezal. O que produzia era para eles. E o café também, mas o café me parece que só até o quarto ano e que o quinto ano já era para a fazenda, isso não me lembro bem. Também antes de queimar a roçada, vinham turmas de lenhadores, homens práticos com traçadores, machados, e cortavam as toras, em tamanho certo, e as árvores finas, em tamanho menor, que serviam para fazer cercas, deviam ter catorze palmos de comprido para cercas. Se havia necessidade grande de paus para cercas, além das árvores finas, rachavam as toras depois de cortadas com o traçador no tamanho de catorze palmos. Para isso além de machados muito bons e pesados, empregavam cunhas de ferro que metiam na tora com marretas. Havia gente prática nesse serviço. O que não me lembro é se esse serviço era feito antes ou depois da queimada.

As famílias que formaram o cafezal do Jabaquara eram o Marciano Casa Nova, mulato, antigo escravo. O Mazola, italianos da alta Itália, ótimos trabalhadores; o Zambini, e as outras duas famílias não me lembro os nomes.

Ficou um lindo cafezal; e produzia tanto que papai fez terreiros e tulhas lá no Jabaquara, e o café só vinha para ser beneficiado na máquina do Paraizo. Sendo terreno em declive, esse do Jabaquara, e havendo muita água lá no alto, papai arranjou jeito de trazer esse café por água até o terreiro que era bem abaixo. Foi um serviço muito bem-feito e bonito. Vinha um rego de tijolos desde o alto, nesse rego havia bacias, nas quais despejavam o café. A medida era de cinquenta litros, o colono enchia a medida e despejava nas bacias, e o fiscal ali ao lado tomava o nome e número. Mas isso já quando o cafezal tinha uns oito ou dez anos e que era todo para a fazenda. Esse rego trazia o café até o terreiro que era na frente da colônia, digo das cinco casas.

Para nós era uma delícia ir passear no Jabaquara, ver a colheita, o café correndo no reguinho. Já eramos bem maiores, quase mocinhos.

Penso que no ano de 1898, meus avós estavam doentes em São Paulo. Vovô Justiniano, inda saía de carro, ia até a chácara da Bela Cintra na avenida Paulista, chupar jabuticabas. Eram as jaboticabas grandes, aquelas que chamavam cor de vinho. Uma tarde vovô trouxe uma cesta cheia, vovó Gabriella que adorava aquela fruta, começa logo a chupar, e dizem que ela não só chupava, mas engolia o caroço, pois na manhã seguinte acorda paralítica. Não falava, não se movia. Foi uma correria, chamaram todos os filhos. Os médicos eram dr. Ignacio de Rezende, dr. Valadão, e outros. Ao que parece aquela grande quantidade de frutas, perturbou a digestão de tal forma que provocou derrame, ou embolia. Alguns dias depois, com todos os tratamentos, vovó recobrou a fala, e o movimento do lado direito, mas não podia andar. Os filhos resolveram desmontar a casa e levá-los para a fazenda, mas na fazenda deles, sozinhos não podiam ficar. Então vovô foi para a fazenda de tio Justiniano, em Araras, e vovó foi para o Paraizo. Mamãe arrumou tudo o melhor possível. Na salinha de costura de mamãe, fizeram dormitório para vovó. Ela tinha uma ótima empregada que já a servia há anos, chamava-se Joana Donati, mas a Joana tinha um filho de um ano. Precisou acomodar o filho e a sua pajem, era irmã da Joana e chamava-se Roma. Desmontaram a copa, que era logo ali no corredor e, ali ficou o quarto da Joana, do filho e da pajem. Mas penso que essa moça foi ótima enfermeira, cuidou de vovó durante os quatro anos que ela viveu paralítica. No Paraizo ficou um ano.

Ao que lembro vovó não tinha sofrimento, ali pelas nove horas saía do quarto na sua cadeira de rodas.

Muito bem-vestida, lavada e perfumada. Se o tempo era bom levavam-na para o terraço da frente, pois que do lado era face sul, e podia ser frio. Para descer o degrau do terraço vi uma pessoa ajudar pegando o braço da cadeira. Bilu era pequenino, teria três anos, logo que avistava corria e subia no cantinho da cadeira, junto aos pés de vovó, ela com um sorriso segurava-o com a mão direita, e lá ia a cadeira rodando pela casa. Para passear no jardim havia outra cadeira de rodas mais altas. Um dia passava por um canteiro de batatinha, vovó disse logo: "Se já tiver alguma eu gosto tanto!". Foi só chamar o hortelão e procurar, arrancou umas lindas batatas, inda não estavam bem no ponto, mas eram suficientes para comer no dia. Mamãe fez cozinhar com casca, e veio com manteiga para o almoço de vovó. Arrumava-se tudo e ela comia com sua própria mão. Estava tão lúcida que conversava, mesmo com a língua um pouco travada, e às vezes inda repetiu poesias em inglês para nós ouvirmos. Esse ano que vovó passou no Paraizo, vieram alguns de seus irmãos visitá-la. Tio Jorge Whitaker, era fazendeiro e morava em São Carlos. Era meio baixo, tinha barba e bigodes ruivos, muito prosa e alegre. Gostava de sentar no calcanhar quando estava no terraço. Dava grandes prosas e alegrava vovó; era muito boa pessoa, mas nas finanças não progrediu; diziam que ele só gostava de tocar violão. Tia Anginha, irmã de vovó veio visitá-la, era mais moça que vovó, mas era um pouco surda, e mamãe teve muito trabalho os dias que essa tia passou em casa. Sentava-se entre ela e vovó, para ouvir o que vovó dizia e repetir bem alto para tia Anginha, essa era casada com Feliciano Leite da Cunha e tinham fazenda em Serra Negra.

Mamãe e todas suas irmãs tinham voz e cantavam, se acompanhando elas mesmas no piano. Muitas vezes de noite mamãe ia para o piano, papai ouvia do escritório e vinha logo. Ele gostava de acompanhar com a flauta, e era bem bonito. Inda me lembro algumas das músicas que mamãe cantava, com voz de soprano: "Malia", de Denza, "Mamma disse", "Le Printemps", "L'Absence". Duas irmãs de mamãe moravam perto, tia Belinha, Izabel Paranaguá, e tia Ângela, esta na fazenda da Horta; atravessava-se a cidade de São Carlos, e o trole puxado a quatro, ia por uma estrada muito arenosa, levava uma hora até a fazenda da Horta. Eu gostava tanto de lá! Tinha uma casa bem boa e grande. Um varandão em toda a frente, cheio de trepadeiras, glicínias. Chamavam varandão o terraço que era de grade e assoalho de madeira. Entrava-se num corredor e tomava a primeira porta à direita era o escritório de tio José Mesquita. Muitas estantes de livros, e bons móveis. Dali passava na sala de jantar que servia de sala de visitas também. Um bom piano num canto. Uma rede noutro canto. Bonitos quadros nas paredes. Uma irmã do tio José, fazia lindos trabalhos de agulha. Fez umas tapeçarias sobre estopa, ali estavam penduradas nas paredes.

 Esses tios falavam bem francês e alemão. Ele tocava muito bem piano, gostava de Wagner, Beethoven, Chopin. E tia Ângela tinha voz de soprano ligeiro; cantava muito bem e tinha repertório mais variado do que mamãe, cantava trechos de ópera, como *Carmen* (de Bizet), *Otelo* de Saint-Saëns, e muitas canções em alemão. Enquanto o casal fazia música, a tia Felicíssima se metia na rede, deitava a fio comprido, e com uma bengala, empurrava no chão para balançar a rede. Isto durante muitos anos, afinou o gancho da rede que já estava pela metade. Foi a única senhora que usava cabelos cortados naquele tempo. Mas curto como cabelo de homem, a tia Ângela achava feio, então fez umas touquinhas de renda preta, que tia Felicíssima, usava às vezes. Me parece que era uma senhora muito excêntrica. Lia muito sobre espiritismo, e teosofia. Era muito alegre e chamava a cunhada de Zica, Ziquinha! Tia Ângela tinha muita paciência com ela. Na Horta tinha jardim bonito e um viveiro grande cheio de passarinhos, bem perto da sala de jantar, cantavam muito. Um pouco adiante um galinheiro. Uma noite ouviu-se um barulhão no galinheiro, os galos em alvoroço, tio José desceu e inda encontrou uma raposa que já tinha morto mais de uma galinha. Subindo pelo pomar, encontrava-se um lago redondo, acimentado, chamavam "cisterna", era o reservatório de água para o despolpador de café. Um lindo rego-d'água trazia do mato a água para a cisterna. Era muito comum caírem cobras nesse rego e chegando na cisterna não podiam sair pois a água não chegava até as bordas. Tio José as caçava com um gancho de pau e guardava em um vidro com álcool, pois não havia ainda o Butantan; via-se muitos vidros com cobras-corais, e outras. Gostávamos de ver trabalhar o despolpador de café, no Paraizo não tinha despolpador; o café era só descascado depois de seco, diziam beneficiado. Papai era muito conservador, e o despolpador era cousa nova naquele tempo, e o café do Paraizo era tão bem tratado, mesmo nos terreiros simples e de terra, que tinha fama em Santos. Um tio veio nos visitar e disse a papai: "Quero ver os seus terreiros, pois que em Santos os seus cafés têm boa fama". Esse tio ficou admirado de ver a simplicidade dos terreiros.

Nas tardes mais compridas papai nos convidava para o passeio de bicicleta, já no finzinho da tarde. A bicicleta de papai era diferente da nossa, vinda da Alemanha; as nossas três eram muito boas porém comuns. Saíamos puxando as bicicletas até o carreador chamado do sr. capitão; ali já era plaino, de chão batido e terra branca. De um lado cafezal, de outro lado um mato, era mais uma capoeira. Havia ali flor-de-são--joão, lixas, são-miguel e outras florinhas silvestres. No fim desse caminho virava-se para a esquerda e continuava observando a capoeira, depois virava para a direita e já era todo o cafezal da fazenda Canxim. Tudo bem plaino. Lá bem no fim, parávamos. Tinha ali um grande tronco de árvore no chão; era justo para encostar as quatro bicicletas; o Capi que tinha acompanhado de língua de fora, aproveitava para descansar. Papai fumava um cigarro, e nós escrevíamos adivinhações na areia. Quinze ou dez minutos, e retomávamos as bicicletas e a toda velocidade voltávamos, e chegava-se até o jardim, pois que ali era morro abaixo. Cada um de nós, entrava, colocava a bi, no lugar certo, debaixo da escada. Era hora de sentar no banco do terraço esperar o café.

— Em 1902, nasceu Maroca, em São Paulo. Mamãe esteve muito doente; foi em 7 de fevereiro.

Pouco me lembro de como se passou tudo. Lembro-me bem, de nossa volta ao Paraizo com Maroca. Um dia eu estava na sala da classe em cima, ouço um choro abafado, olho na janela e só avisto o carrinho de criança com as quatro rodas para cima. Desço a escada a correr, já estava mamãe e a pajem levantando o carrinho.

Felizmente Maroca não se machucou, havia travesseiros e cobertas que amaciaram o choque. A pajem havia descido o carro no terraço, larga bem em frente à escada e vai para dentro buscar qualquer cousa. Com o movimento da criança o carro anda, e desce devagar os três degraus, virando de boca para baixo na calçada; foi só o susto.

Maroca foi batizada pela irmã de papai, não, estou enganada, foi pela irmã de mamãe, Ângela e o marido José, e chamou-se Maria José. Só mais tarde chamaram-na Maroca. Era muito bonitinha e foi criança sadia e de bom gênio, e adorada por todos nós.

Era o maior prazer dar o banho e vestir a irmãzinha. Eu já tinha quinze anos e Vangila treze anos. Inda estudávamos com professora em casa. Mamãe nos dava a obrigação de fazer a semana. Era como diziam. A semaneira tinha que ver que estivesse tudo bem limpo nas salas e na casa. Tinha que dar na despensa o mantimento para a cozinheira, e me parece que tinha que determinar o "menu" do jantar e do almoço. Fazer sobremesa, e bolos; isso me parece era só no domingo. Me lembro que uns meses depois Vangila disse: "Eu prefiro só cuidar de Maroca", você fica com a semana sua e a minha, para olhar a casa. E assim foi feito.

Em São Carlos, tia Belinha teve a última filha Amanda, era muito loura e bonita criança, mas tia Belinha se lastimava, queria a filha de olhos escuros, como o pai, e não como ela: "Esses olhos claros, sem graça". Mas os três filhos de tia Belinha mesmo de olhos azuis são bem bonitos e inteligentes. Amanda e Maroca eram da mesma idade e foram sempre amigas, só que Maroca se conservou mais moça e Amanda sendo muito gorda, parece mais velha. — Bilu já tinha mais de seis anos, estava em tempo de aprender a ler. Mamãe tinha ensinado a nós três, ler, escrever e contar. Começou a ensinar Bilu, mas ele era terrível, abusava da paciência de mamãe, não prestava atenção, só queria brincar com o Mosquito, era um cabrito que lhe haviam dado. Amarrava no carrinho e saía na disparada ele e o Mosquito. Comecei eu a dar as lições a Bilu. Numa mesinha de vime, redonda, nós dois sentados, eu muito séria a me fazer respeitar! não me lembro se consegui que ele ficasse lendo. — Maroca já maiorzinha veio uma mocinha da colônia para pajeá-la e brincar com ela. Chamava-se Maria José, eram portugueses, das ilhas. A mãe vinha da colônia visitar, e nós mal entendíamos o que dizia. Os agrados para Maroca: "Crida! Santa! canalhinha! valha-me Deus! que beleza!!" e depois pedia a mamãe: "Senhora patroa! eu cria uns fulhetos de petrolio para carretar auga!". E isso tudo numa pronúncia muito fechada e falando depressa.

Mas foi muito boa pajem a tal portuguesinha. — Estava em moda, haver feiras regionais nas cidades do interior. Papai e mamãe [em 1904] nos levavam em São Carlos. Era uma grande festança, encontrávamos muita gente de São Paulo. Depois íamos para casa de tia Belinha e tio Quincas, tomar lanche, lá sempre tudo muito farto e bonito; a tia era muito prestimosa e fazia bolos e biscoitos deliciosos. Uma tarde encontramos lá, dois primos de São Paulo. Era o primo Francisco Soares Brandão e o seu cunhado Amadeu. Este com mil prosas na mesa do lanche; eu já fiquei bem encantada. O primo Francisco saiu para cuidar de seus negócios, pois estava como síndico, na falência do Banco União de São Carlos, onde a família Pinhal tinha perdido grandes somas. Mas o primo Amadeu ficou na prosa. Ao sairmos para a fazenda o cocheiro do trole, que era o Querubim disse:

"Sr. Cândido pediu para levar o revólver que o dr. Quincas guardou." Eu voltei para buscar, tio Quincas me entregou e eu saí, segurando com jeito o revólver e entreguei ao cocheiro. Olho para trás para me despedir e vejo Amadeu no topo da escada, encostado na bengala rindo-se e dizendo: "Olha, como ela é corajosa e espertinha". Nós seguimos para o Paraizo e a vida continuou calma e boa. Algumas semanas depois papai recebe telegrama do Amadeu pedindo condução em São Carlos, casa de tia Inhála, tal dia. Chegou Amadeu, muito alegre e prosa, trazendo para papai, umas forminhas e ensinava que se aplicava no tronco das árvores para colher o leite. Estava em moda o plantio de maniçoba que era uma espécie de seringueira e se cultivava para fazer borracha. Papai tinha grande plantação da tal maniçoba; o café estava em crise, pouco preço e pouco mercado.

No caderno anterior conto que Amadeu veio nos visitar no Paraizo. Ali ficou um dia, sempre muito prosa, alegre, amável. Eu já estava muito encantada, porém calma, paciente e esperançosa. Continuamos nossa vida de fazenda. Acabada a colheita de café, papai fechava as contas de todos os empregados. Eu o ajudava, passando em cada caderneta a conta, e assentos do "livro-caixa". Fazia isso de noite, na mesa da sala de jantar. Ali, numa ponta estava nosso bom irmão Loti [Asdrúbal] lendo o *Mon journal* que papai lhe havia dado em bonita encadernação. Vangila fazia algum trabalho de agulha, e mamãe, sentada na rede com Bilu e Maroca, ao seu lado. Uma noite ouvimos barulho de trole; fomos logo ver! não era hábito chegar visita de noite. Pois era visita para mim; era justo o dia de meus anos, 24 de maio de 1904. As visitas eram tio José Mesquita e tia Ângela. Ela me trouxe uma cestinha feita de palha de milho, forrada de seda verde, e cheia de um delicioso docinho de nozes, em forma de cajuzinho, com uma amêndoa imitando a careta do caju.

Fiquei tão contente! eu que tanto gostava desses tios. Mamãe fez logo arrumar o quarto de hóspedes, pois pernoitaram e passaram dois dias conosco. — Alguns dias depois, veio o tio Henrique e tia Belita com sua primeira filhinha Dorita.

Foi uma festa, nós queríamos muito bem os tios. Mamãe sabia muito bem hospedar; todos ficavam a gosto e eram bem tratados.

Uma outra ocasião veio tio José Oliveira e tia Tony. Esses não tinham filhos e ficaram todo um mês no Paraizo. A fazenda deles era perto, era a fazenda Monte Alto, em Ribeirão Bonito.

Tio José distraía muito os meninos, fazia papagaios, que iam empinar no terreiro. Tia Tony não gostava de passear a pé, nem de sair no jardim. Ficava com um trabalhinho de agulha, tocava piano, e proseava. Mamãe, nesses dias, desistia do passeio a pé pelo cafezal, para melhor hospedar a cunhada. Nós tínhamos que fazer sempre um bolo ou bolinho para o lanche, quando tinha hóspedes em casa. Nos últimos meses do ano, mamãe nos dava para costurar, umas camisinhas de bebê, uns cueiros, umas fraldas. Devíamos levar um enxovalzinho do bebê, para dar na Maternidade São Paulo. Era nossa obrigação de cada ano. Além disso durante o ano já tínhamos feito roupinhas para as crianças que nasciam na colônia. E hoje eu penso: "Que educação sábia e boa, mamãe nos dava". Quanta cousa útil e acertada. Findo o ano agrícola e os serviços de lavoura encaminhados, papai nos anunciava: "Vamos para São Paulo". Era uma alegria. Mamãe já se dispunha a fazer rosquinhas e sequilhos, para levar. Contávamos os dias. O Capi, cachorrinho da Vangila devia ficar, e era tão sabido que quando subia a mala para nosso quarto e que começávamos a arrumar, o Capi... desenrolava o rabo e se metia debaixo da mesa, ou da cama com o ar mais triste e infeliz. Mas ele ficava entregue ao cozinheiro da turma, português bom e jeitoso. Vangila mandava-o com a cama, lençóis limpos, cobertor! tudo direitinho, e o Capi continuava a ser bem tratado.

Enquanto eu estava na fazenda, chegavam os boatos... maldosos! "O Amadeu vai casar-se com..." Eu ouvia tudo aquilo sem me perturbar, alguma cousa me dizia que não era verdade! E logo ao chegarmos em São Paulo, aparecia Amadeu para nos fazer uma visita. Combinávamos nos encontrar nas corridas, no domingo. O Jockey naquele tempo, me parece que não era o de hoje. Era no ano de 1903 ou 1904. O clube antigo era ali pelo lado do Brás, não me lembro a rua. Era bem feio, mas mesmo assim ali passávamos horas muito alegres e agradáveis. São Paulo nesse tempo era muito menor. A primeira classe era toda conhecida, e quase que todos parentes. As moças que víamos lá eram as Ararys, filhas do barão de Arary, e muitas tias. Eram as Oliveiras, as Cerquinhos, as Cardoso de Melo, as Piza, as Lara, as Penteados e tantas outras. Entre os rapazes, estavam sempre Amadeu, Domiciano de Campos, João Soarinho, João de Barros, Aníbal Paes de Barros, Ascânio Cerqueira, Rodrigo Silva e outros. Nós não usávamos comprar pules, ou jogar em um ou outro cavalo. Éramos modestas e tímidas, mas fazíamos "pules de chapéu" que não me lembro bem como era. Só me lembro que Amadeu trazia um chapéu, cheio de papeizinhos com números, que nós tirávamos, não sei se o número era do cavalo. — Sempre mamãe e papai iam conosco às corridas. Passeávamos todos juntos, e algumas vezes mamãe convidava Amadeu para jantar em casa, depois das corridas. Ele aparecia, e mesmo sendo domingo havia jantar e as empregadas a postos. Esse dia mamãe tinha sempre uma pessoa de confiança para ficar na casa, pois Marocas e Bilu, eram crianças, não iam ao Jockey, mas ficavam bem cuidados. Havia um grande quintal, e jardim do lado da casa. Era em Brigadeiro Tobias 66. — Para o Carnaval íamos no Clube São Paulo, na rua 15 de Novembro. O salão cheio com as famílias dos sócios. Chegando nas sacadas e janelas, avistava-se embaixo, na rua, alguns rapazes. Estes traziam a bengala cheia de serpentinas. Vendo nas janelas moças conhecidas, atiravam serpentinas, e as moças pegavam e retribuíam, com a mesma, ou com outras. Ao redor dos rapazes, moleques catando as serpentinas que caíam. Quando acabava o que tinha na bengala, os moços cumprimentavam com o chapéu, e continuavam a andar. Penso que iam jogar em outras janelas, e noutras ruas. Outras vezes subiam para o clube e dançávamos. Eu e Vangila éramos muito cotadas, não sei se por vivermos na fazenda. Quando aparecíamos, era novidade! Havia um rapaz muito tímido e modesto, mas que tinha enlevos por nós duas. Era tão delicado que ficava na porta do clube à nossa espera, com um cartucho de confetes doirados. Nos enchia dos tais confetes. Nós agradecíamos e subíamos, como meninas que éramos ficávamos bem contentes com essa delicadeza, mas... com alguma maldade o chamávamos "O Amarelão", pois o tal era mesmo muito pálido, quase amarelo. Depois soubemos o nome, e mamãe não gostava que o chamássemos, amarelão. Cada ano ele ali estava, e quando o encontrávamos na rua, ele cumprimentava e ficava parado até que sumíssemos. Nessas estadias em São Paulo tínhamos muitas festinhas, chamavam: "Assustados", os convites eram feitos no dia, e como era alegre e quanto nos divertíamos. Finda a temporada, ali pelo mês de março ou abril, papai anunciava. Vamos para a fazenda tal dia. Mesmo ficando muito tristes, nada se dizia; era aprontar as malas e ir. O trem saía da estação da Luz às cinco horas da manhã. Vinham dois carros de praça. Nos acomodávamos, nós, a professora, as empregadas, mamãe e papai. Este era muito apressado, e uma vez chegamos tão cedo na estação que a porta inda estava fechada. Que horror! ficamos na calçada, alguns minutos. Chegados no Paraizo, era a mesma vidinha. Estudo o dia inteiro, com horário de colégio. Pouco íamos à cidade, poucas visitas recebia-se. Não tínhamos telefone, nem automóvel, era uma vida santa e boa, porém monótona, a Vangila não gostava. Eu... pensando em Amadeu, levei três anos. O apelidei "Fleurange" e nas cartas para as amigas, quando queria falar nele era Fleurange. Em agosto de 1905, já estávamos em São Paulo. Depois do jantar ouve-se a campainha. A empregada vai abrir, e... quando vejo ir entrando Amadeu! Havia meses, não nos tínhamos visto. Ele muito bem-vestido, de fraque, com uma *boutonnière* de violetas dobradas. Confesso! estava lindo, um príncipe de distinção e elegância. Eu estaquei na frente do *etagère*, ele chegou perto, me apertou a mão, e sem dizer nada, entrou na salinha de visita cuja porta era ali ao lado, e onde estava mamãe e muitas visitas. Eu... Tive uma tontura! me escureceu a vista, me segurei no *etagère* e ali fiquei alguns segundos. Depois que recobrei calma e sentido entrei na sala, mas penso que pouco conversei pois a emoção era muito grande. Tínhamos vindo a São Paulo para assistir a um grande baile que houve na Vila Penteado, casa de prima Nicota e do conde Álvares Penteado. Não me lembro se era o casamento de Stella, ou a inauguração no novo e lindo palacete. Amadeu também apareceu nessa festa mas... ele não dançava. Não sabia dançar, eu tinha o desprazer de deixá-lo e sair dançando com Domiciano, com os meus primos, que eram muitos e bonitos rapazes. Mas não queria que vissem que eu estava "prosa" e enlevada por Amadeu. Aquilo era um segredo guardado no fundo do meu coração.

Esse ano fomos ainda para o Paraizo, saímos pelo Natal, mas voltamos de novo para a fazenda. — No mês de março, já nos preparávamos para voltar a São Paulo quando chega aviso de Amadeu, pedindo condução em São Carlos. Fiquei assustada! meu coração batia, mas nada disse. Vangila disse: Ah! meu Deus, agora que vamos para São Paulo!!

Mamãe logo respondeu: "Pois iremos, o Amadeu não vai se demorar!!". Chega ele no dia 17 de março de 1905.

Era de tarde, jantamos, fomos passear pelos arredores. De tardezinha sentados no terraço veio o mesmo cafezinho de sempre.

Ficamos depois na sala de visitas. Amadeu, felizmente era prosa e conversado, e não era difícil de se hospedar. Notei que ele tinha o hábito de bater com o punho fechado do lado da cadeira onde estava sentado. Às dez horas da noite todos se recolhiam. No dia seguinte, ali pelas oito e meia eu estava no terraço, arrumando a gaiola do meu Floki, e deixei-me ficar no terraço. Amadeu sai do quarto, vai para a sala de jantar. Servem-lhe o café, vai para o terraço, me dá "bons-dias" e me convida a passear. Eu palpitei que devia ser um passeio maior, e saímos do jardim, fomos subindo pelo caminho da amoreira que ia abeirando o terreiro. Entramos pelo pomar velho e tomamos o carreador do "Capitão", assim se chamava, pois ia ter na fazenda do capitão Manoel Alves, nosso vizinho. Já estávamos bem longinho quando ele me diz, com voz muito emocionada: "Quero saber, se você consente, que eu vá pedi-la em casamento ao seu pai". Eu refleti um instante e disse: "Sua mãe o que diz a isso?". Responde ele: "Mamãe faz o maior gosto nisso". "Então eu também fico muito contente." Nos olhamos discretamente, ele não me tocou nem na mão; continuamos a andar, e procurando conversar, mas pouco falamos. Fomos voltando para casa. Amadeu foi direito ao escritório de papai e lá ficou sentado. Eu fui para a salinha de mamãe, onde a encontrei com Vangila, que me disse: Já voltaram do passeio? eu contei o ocorrido e sentei-me, tão emocionada estava. Vangila corre para cima, e não sei por quê, entra no quarto dos meninos, e escreve na parede: 18 março 1905. Não sei por que escrever ali, e não no nosso quarto que era ao lado tão bonitinho, todo azul. Não levou muito tempo papai vem de fora e entra no escritório. Lá encontra Amadeu, não sei o que se disseram. Sei que papai chegou na porta do escritório e chamou: "Elisa!". Mamãe vai para lá, e minutos depois vem me chamar, cheguei... encontrei os três em pé. "Abrace seu noivo", me diz mamãe, e eu... caí com a cabeça no peito daquele rapaz tão bom, tão bonito! que tinha ocupado a meu espírito, o meu coração, e a minha vida, havia já três anos. Amadeu me abraçou emocionado. Depois, não me lembro, ficamos por ali mesmo, proseamos com naturalidade. Logo serviram o almoço, simples porém bom. Na sobremesa Amadeu se levanta, com o copo de vinho na mão, e diz: "Quero agradecer a felicidade que me concedem". E tão modesto e singelo, deu a volta na mesa, trincando seu copo com meus pais. — Não me lembro se Amadeu foi embora, esse mesmo dia. Lembro-me que era questão, de ir ele até a fazenda Santo Antônio, ou a Palmital, não sei certo. Ia participar o seu noivado, a sua mãe, e irmãos. Nós já estávamos com a viagem marcada para São Paulo, para o dia 20 de novembro.

Com grande entusiasmo e alegria, acabamos de fechar as malas, e seguimos. Quando tomamos o trem em São Carlos, já avistamos no vagão, Elisa irmã de Amadeu e o marido. O primo Moreira, como o chamávamos. Nos fizeram muita festa, foram amáveis. Não me lembro que horas seria. Só me lembro que na hora do almoço, mamãe abriu a cesta de farnel, arrumou um pratinho bem sortido e ofereceu aos primos. Ele aceitou, comeu, gostando muito e até repetiu. Não me lembro se Elisa também teria aceito. Durante a viagem conversamos um pouco. Chegando em São Paulo, encontrei logo na sala de entrada de nossa casa, uma linda e enorme cesta de flores com o cartão: "À minha noiva Brazilia, oferece, Amadeu". Ele estava na fazenda, mas terá telegrafado à irmã Cândida, e esta, é que terá mandado as flores. Na sala de jantar, mesa de lanche muito bem-arranjada por minha tia Evangelina, e no centro uma cestinha de flores, com cartão de minha amiga Ida de S. Queiróz. Quanta alegria! quanta felicidade! os dias que seguiram, muitas visitas de parentes e amigos. No dia 26 de novembro, era aniversário de Vangila, completava dezesseis anos, era uma mocetona maior que eu, muito bonita. De noite vieram todos os tios e primos, foi uma reunião bonita e concorrida, e esse dia Amadeu tendo chegado da fazenda, fez a sua primeira visita de noivo. Veio tão bonito, bem-vestido, com as violetas na *boutonnière*. E eu no maior encantamento apresentava o meu noivo. Já era conhecido de todos, pois era primo-irmão de mamãe. Amadeu dizia "Elisinha" se dirigindo à mamãe, e eu achava tão bonito! Gostava tanto, mas depois de casado, já no dia seguinte ouvi Amadeu dizer: "Minha sogra". Eu estranhei e perguntei por que aquela mudança, por que não diz mais Elisinha? e Amadeu responde: Não pode ser, é falta de respeito... Amadeu foi sempre amigo e muito bom para com meus pais e irmãos. Mesmo assim, não deixava de ter algumas esquisitices, ou exigências que mamãe, relevava e sabia desculpar, pois tinha grande sabedoria e bondade. — Meu noivado foi de 18 de novembro a 24 de março de 1906. Não voltamos mais para a fazenda Paraizo, papai ia cada mês, fazia o pagamento costumeiro, fiscalizava tudo, dava ordens e voltava para

São Paulo. Mamãe começou a cuidar do meu enxoval com zelo, bondade e pensando em tudo. Eu era modesta, e tinha a maior confiança em mamãe, tudo que ela escolhia eu gostava e achava certo, e foi mesmo tudo muito prático, bom e bonito. Recebi como roupas de cama, uma dúzia de lençóis de linho para casal, só com a marca bordada e bainha aberta, e uma dúzia de lençóis de linho para casal bem bordados a mão, e um lençol em linho, ainda mais fino com lindos bordados e crivo, este com lindas fronhas bordadas e com crivos. Ainda lençóis de solteiro de linho, uma dúzia, e uma dúzia de solteiros em cretone. Colchas lindas em fustão, inglesas, seis para casal, seis para solteiro, e uma dúzia mais simples, brancas. Toalhas de mesa todas de linho, pois naquele tempo não fabricavam nada aqui no Brasil, e da Europa só vinha linho, penso que não tinham algodão, seis cobertores lindos, um acolchoado em seda de duas cores. Roupa de corpo, também grande quantidade. Saias de baixo, seis em seda, e seis em morim com grandes babados bordados. Camisolas, camisas, corpinhos, feito na Casa Carlos, e em bordadeiras especiais. Vestidos no Mundo Elegante, Madame Perina, muito boa modista... — Recebi ainda uma bonita mobília para quarto, com sete peças com quatro enormes espelhos mais um sofá, duas cadeiras de braço, duas cadeiras simples, uma mesinha. Ainda um adereço em ouro e brilhantes com cinco peças. Os móveis e as joias tenho até hoje. Amadeu várias vezes foi para a fazenda durante esses três meses de nosso noivado. Em Natal, foi para o Pinhal onde se reuniu a família, me trouxe bonitos bibelôs da árvore de Natal; um inda tenho até hoje. Eu tinha licença de sair com meu noivo, cousa que não era permitido; eu gostava tanto de Vangila que a convidava sempre, e íamos os três. Amadeu nos levou a visitar o Teatro Municipal, em construção pelo dr. Ramos de Azevedo. Íamos de noite ao Jardim Público, ouvir música pela Banda do Antão.

Para nosso casamento foi necessário licença especial da Cúria, pois Amadeu era meu primo em segundo grau. Para fazer os papéis foi papai e Amadeu, e este notou que papai havia modificado as idades! Talvez achasse Amadeu velho para mim; me declarou com 19 anos [eu tinha 18] e Amadeu com 28 [ele tinha 29]. O casamento foi em oratório particular, na casa de meus pais à rua Brigadeiro Tobias. Às 21 horas. Uns trezentos convidados, o serviço feito pela Rotisserie, o *maître d'hôtel* era o Daniel Souquière. De tarde veio nos cumprimentar o dr. Rodolfo Coimbra marido de tia Clotilde, pois estava de relações cortadas com meu tio Justiniano, e não queria encontrar-se com ele, eram desavenças devido à política em Araras. — Mamãe e papai cederam a casa inteira para a festa, só ficaram em dois quartos, eles dois e meus quatro irmãos. Dois ótimos quartos com os meus móveis, lindamente arrumados para nós. No dia 25, após meu casamento, vesti um *déshabillé* [vestido caseiro] com rendas e muito elegante, e para o café da manhã vesti um robe de chambre rosa, todo plissê. Ficamos dois dias em São Paulo. Depois viemos para o Hotel de la Plage, em Guarujá, e um dia depois tomamos o navio *Clyde*, que nos levou a Buenos Aires, onde passamos quinze dias. Ali moramos no Grande Hotel, na Calle Florida, um lindo quarto todo cor-de-rosa; e foi no mesmo quarto onde entrou Lizota, em viagem de núpcias, anos depois. — Para mim essa viagem de núpcias foi feliz e interessante.

Eu nunca tinha saído da fazenda e de São Paulo. Não conhecia o Rio.

Só conhecia Guarujá, que naquele tempo era apenas uma estância balneária. Em Buenos Aires passeamos muito, fomos a teatros, fizemos passeios de barco pelo rio Tigre, visitamos todos os lugares interessantes da cidade. Passeávamos em Palermo etc. etc. — De volta a São Paulo, não encontramos mais, mamãe, papai, e Vangila!! já tinham ido para a fazenda, foi uma decepção.

Pela primeira vez, entrei na casa de meus pais tão vazia! era no 66 Brigadeiro Tobias. Lembro-me que minha boa tia Evangelina, sabendo que eu com Amadeu chegávamos foi lá para o 66, arranjou lanche e nos recebeu com muita amabilidade, e nos hospedou uma tarde. — Amadeu foi de tarde buscar meus dois irmãos que estavam no Colégio São Bento, trouxe-os para passearem e passamos a tarde juntos. Amadeu era jeitoso, só quis agradar a mim e aos meus irmãos.

Eu devia fazer as malas para seguir para a fazenda. Pedi à Cota, irmã de Amadeu, me orientasse um pouco, o que seria acertado eu levar? Saindo de São Paulo fomos direto ao Paraizo, onde ficamos alguns dias. Nesse ínterim Amadeu foi a Limeira comprar um carroção para carregar café, pois no Jaú tinha colheita grande; Amadeu passou quatro dias ausente que me pareceram séculos. No dia 24-5 eu fazia dezenove anos. Vieram minhas cunhadas Candinha e Elisa almoçar conosco no Paraizo. Foi muito agradável. No dia seguinte sabe-se que havia greve na Estrada de Ferro Paulista! Cousa nunca vista. Amadeu ameaçava ir para Jaú a cavalo. Dois dias depois interrompeu a greve, os trens circularam; e viemos para Jaú, eu, Amadeu e meu pai. — Descemos do trem na fazenda de Augusto irmão de Amadeu, era chamada então a Oficina Conde do Pinhal [hoje fazenda Maria Luiza]. Mariquinhas e Augusto nos hospedaram com a maior amabilidade e carinho. — Papai foi com Amadeu, a cavalo, para conhecer a nossa fazenda. Penso que papai terá ficado meio desapontado, pois que na frente da casa onde eu ia morar, era uma capoeira e tudo meio abandonado ao redor da casa.

Papai voltou para o Paraizo, eu e Amadeu tínhamos que ir para nossa casa. Amadeu emprestou o cavalo de dona Senhorinha, esposa do coronel Matosinhos; eu montei com facilidade, e Amadeu num cavalo de Augusto, e lá tocamos para nossa nova habitação. Inda não pernoitamos lá esse dia, voltamos para casa de Augusto, só dois dias depois tendo já chegado o casal de criados, que Amadeu havia justo, então é que fiquei já para ir me instalando na minha casa. Embora a diferença fosse grande, e o trabalho de instalação penoso, tudo por limpar, e arrumar, mesmo assim eu não me senti triste e nem desanimada. Estava tão feliz, meu amor por Amadeu era tão grande, tudo me sorria, e me dava alegria. Em poucos dias já estava tudo arrumado e aquela casinha modesta, tão diferente da casa de meus pais, me deu tanta felicidade, anos da minha vida.

―

APÊNDICE

Conta com Vanja 1964

Palmital Janeiro

dia 11.	Pagou	2.780,00
" 13	Ovos 2 D.	560,00
	Gasolina p. chão	200,00
" 14 -	2 melancias	600,00
	laranja e pepino	250,00
	banana e batata-doce	420,00
	300 gr. bolacha	180,00
16	3 k e ½ banana	280,00
	2 d. laranja	300,00
	3 d. ovos	860,00
	2 k. tomate	200,00
19	banana e	240 00
	manteiga	500 00
20 —	fazenda p. toalha	1.200,00
	6 k. banana	480,00
		9.050,00

	transporte	9.050 00
20	1 kilo pepino	100,00
22	½ " manteiga	400 00
	4 " banana	320 00
23	1 k. batata-doce	100 00
	4 pepinos — 1 repolho	190 00
	1 d. laranja	180 00
	banana	120 00
	1 queijo fresco	660 00
	3 kilos carne	2.250 00
		13.370,00
24	pago à Vanja	

Fone João S. Amaral   7.4309.
D. Hermantina   705965
Daniel   704441

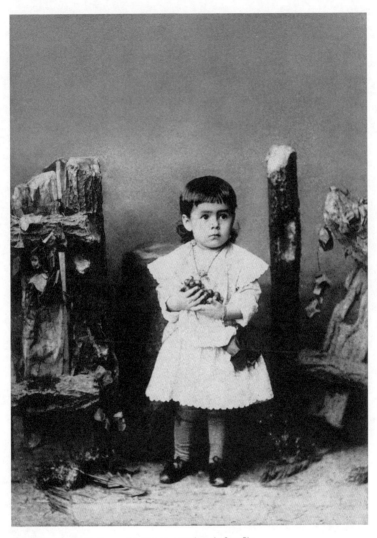
Brazilia Oliveira de Lacerda. Fotos: arquivo da família

Sentada, Brazilia. De pé, sua irmã Vangila

As três irmãs Marocas, Brazilia e Vangila no n.º 66 da rua Brigadeiro Tobias

Ao lado, Vangila e Brazilia

Brazilia e seu filho Candido

Candido e Elisa Franco de Lacerda e sua filha Marocas

Brazilia

Posfácio

Jorge Caldeira

O relato de Brazilia Oliveira de Lacerda oferece um ponto precioso para entender a história do Brasil. Mas já estou ouvindo: "Ora, o ponto é óbvio, a vida de uma mulher resumida ao cotidiano de um ambiente patriarcal rural!". Respondo, citando Nelson Rodrigues: "Só os profetas enxergam o óbvio!".

No caso, o óbvio oculto se chama subjetividade. Estamos diante de uma memória pessoal que organiza a narrativa dos fatos, põe e dispõe conforme escolhas muito particulares.

Em que esse óbvio se oculta? Para começar, no fato de que lemos e pensamos quase tudo sobre nós mesmos a partir de fora, e o que geralmente molda nossa visão das mulheres da época vem de fontes narrativas muito afastadas da vida interior.

O romance brasileiro do século XIX é uma dessas fontes. Seja nos belos livros de românticos tradicionais como José de Alencar, seja nos clássicos realistas do Machado de Assis maduro — apenas para ficar no que temos de mais canônico —, quase toda heroína apresenta traços que marcaram o imaginário nacional e podem ser tranquilamente evocados num ou noutro ponto da leitura da narrativa de Brazilia. A estrita obediência aos pais, a conformidade passiva com os trabalhos femininos ou o objetivo maior da vida, o casamento, por exemplo, são marcas que podem ser associadas à primeira fonte, ao que vem de fora; as pequenas negociações, as descrições do mundo distante do ambiente doméstico, os comentários sociais, podem remeter ao segundo conjunto de referências, ou seja, à vida interior.

Mas há outro modelo forte, filho do século passado. Basta a menção de duas obras para saber do que estou falando: *Casa-grande & senzala*, de Gilberto Freyre, e *Formação do Brasil contemporâneo*, de Caio Prado Jr. Os dois livros são fontes de conceitos interpretativos que talvez permitam enquadrar a leitura em julgamentos rigorosos.

No primeiro caso, impossível deixar de pensar na família patriarcal, na vida dirigida de maneira senhorial — pois o ponto de vista seria então o da casa-grande —, no predomínio do rural sobre o urbano e do comando aristotélico do chefe da família sobre a mulher, os filhos e os criados.

Já a segunda obra forneceria a chave para pensar o texto como uma ilustração da formação de um latifúndio explorador: devastação da natureza para mandar a riqueza para fora, poder despótico do proprietário, desigualdade econômica e social.

A força dos enredos, no primeiro caso, ou a da dominância do argumento sociológico, no segundo, funcionam como atratores praticamente inescapáveis para uma leitura feita de fora para dentro do texto, ocultando quase por completo as possibilidades de uma percepção imanente de sua riqueza.

Para seguir outro caminho, vale a pena começar refletindo sobre a situação retratada, que tem uma relação muito profunda com a história do Brasil e com a qualidade de Brazilia como narradora.

―

O ponto de vista em primeira pessoa é uma raridade na documentação histórica sobre os períodos imperial e colonial. A regra era reservar alguma manifestação subjetiva para o preâmbulo dos testamentos — único momento em que esse tipo de expressão ganhava o registro documental. Uma ou outra observação pode também ser encontrada em paráfrases nos depoimentos judiciais, por exemplo, quando um escrivão atribui voz a algum declarante ou inquirido. Memórias pessoais ou correspondências particulares praticamente inexistem nos arquivos públicos disponíveis.

Essa regra de miséria vale para a iconografia paulistana. Mesmo os livros ricos não costumam oferecer mais que um rascunho tosco de mapa da cidade ou detalhes arrancados a fórceps de alguma planta, especialmente de fortalezas, e isso só a partir do século XVIII. A primeira pintura que permite reconhecer o contorno urbano de São Paulo data de 1810, tendo sido realizada por um viajante francês. No campo da iconografia pessoal, a penúria é maior ainda. Não se conhece um único retrato de morador de São Paulo anterior à Independência. Apenas para ficar nos casos gritantes: não há textos em primeira pessoa nem nenhuma espécie de retrato dos seguintes personagens da história paulista: João Ramalho, Antônio Raposo Tavares, Fernão Dias Paes, Anhanguera...

Acidente? Basta considerar uns poucos dados. A primeira máquina de imprimir funcionou no Brasil em 1808, três séculos e meio depois da invenção por Gutenberg. Não foi acidente. O perigoso artefato tinha sua importação rigorosamente proibida. Todos aqueles que tentaram instalar impressoras na Colônia foram presos. Todas as máquinas contrabandeadas foram inutilizadas e devolvidas para Lisboa.

Algo de semelhante se passou com o controle da educação. As únicas escolas regulares que tiveram beneplácito metropolitano foram aquelas das ordens religiosas e destinadas prioritariamente a formar o próprio clero. Apenas uma delas formava um doutor por ano em média.

As tentativas de melhorar a situação foram muitas. Não faltaram propostas por parte de vilas mais abastadas para a instalação de faculdades, pagas inteiramente pela riqueza dos proponentes. Todos os pedidos foram negados ao longo de três séculos. O funcionamento da primeira faculdade foi autorizado também em 1808.

Era um modelo português — nem ibérico nem colonial. Para ficar apenas na América hispânica, não custa lembrar que havia um jornal impresso em Lima já na década de 1650 ou que muitas das reduções jesuíticas do Paraguai dispunham de máquinas para imprimir bíblias e catecismos em guarani — e de índios letrados para consumir a produção.

Por falar em letrados, a primeira universidade foi implantada nos domínios espanhóis ainda na metade inicial do século XVI. No final do século XVIII, um conjunto de 23 universidades de primeira linha formava a elite culta por todos os domínios.

Não se trata de uma desigualdade única. Nos demais universos coloniais da América havia um pouco de tudo. Áreas como as Guianas, fosse a francesa, a inglesa ou a holandesa, estavam mais para a realidade brasileira que qualquer outra coisa.

Mesmo nos Estados Unidos as dificuldades para instalar universidades foram grandes, só sendo vencidas no século XVIII, não muito antes da Independência. Mas lá as gráficas funcionaram desde bem cedo, no ritmo das escolas para crianças, muitas delas montadas e mantidas pela própria população.

Como resultado, em 1800, quando no Brasil a população alfabetizada é hoje calculada em 1% ou 2% do total dos habitantes, a proporção em meio à população adulta masculina norte-americana chegava a 70% — índice mais alto que o da Inglaterra, onde 55% dos homens sabiam ler. Como indicador do contraste, basta dizer que a tiragem de *Common Sense*, de Tom Paine, alcançou 400 mil exemplares em 1776, ou quase 10% da população total naquele momento.

"O analfabetismo é uma obra de séculos", disse, com razão, Nelson Rodrigues. O tratamento reservado ao Brasil pelos portugueses redundou nesse cenário do molde de leitura de fora para dentro, ou da ausência de expressão da manifestação subjetiva. E dele, felizmente, o texto de Brazilia é um dos poucos que escapa.

Brazilia Oliveira de Lacerda trabalha seu texto na contramão desse modelo que exclui o subjetivismo. Contudo, como não se trata de narrativa composta de pensamentos interiores, vale a pena acrescentar algum contexto.

O relato de Brazilia começa exatamente com um encontro da menina de seis anos com Antônio Carlos de Arruda Botelho, o conde do Pinhal. É essa a pedra angular da narrativa.

O conde do Pinhal era descendente direto da família que organizou toda a vida da região na qual se passa a história. A sesmaria inicial foi concedida ao primeiro Arruda Botelho na segunda metade do século xviii; nesse momento a terra ficava "no sertão da vila de Itu". Nela foi construído um posto avançado no caminho de tropas que ligava a vila a Mato Grosso. As tropas que se arriscavam a ir até lá desde Itu levavam semanas para chegar.

Em 1821 o território da sesmaria passou a fazer parte da recém-fundada vila de Piracicaba — instalada poucas décadas antes como um ponto fortificado para proteção do tráfego mato-grossense, fosse fluvial ou terrestre. O pouso de tropas estava muito adiante da nova vila, e continuou como operação de fundo de sertão, ampliando a produção de animais para tropas e das roças à medida que o movimento aumentava.

E esse movimento levou a uma terceira mudança. Em 1831, Carlos José Botelho, o Botelhão, começou a construção de uma casa capaz de dar conta das possibilidades crescentes. Dois anos depois estava entre os instaladores da vila de Araraquara, a cujo território a sesmaria então passou a pertencer. Com essa terceira mudança a propriedade já perdia sua condição de pioneira, pois a nova vila estava mais adiante no caminho para Mato Grosso.

Uma quarta troca aconteceria em 1857, dessa vez contando com a presença de Antônio Carlos de Arruda Botelho, futuro conde do Pinhal. O território de Araraquara foi dividido, e a nova divisão, com a criação da vila de São Carlos, mais próxima da capital da província, retirou finalmente da sesmaria o caráter de fronteira de sertão. As quatro mudanças da sede administrativa em 26 anos já eram indício de movimento econômico forte na região. Ao longo das décadas seguintes o movimento aumentaria, e o conde do Pinhal tornou-se líder inconteste do Partido Liberal de São Paulo, deputado, plantador de café e empresário ferroviário. Levou os trilhos de Rio Claro para além de sua fazenda e em 1887 vendeu a ferrovia para os ingleses. Como a sesmaria tinha ainda seus 16 mil alqueires de terras — agora ao lado da ferrovia e bastante valorizadas —, começou a loteá-las para pessoas como os pais da menina Brazilia, os quais o encontraram na estação e travaram um diálogo que deixou lembrança muito marcante: "[...] uma vez na estrada de ferro, em viagem, nos encontramos com o tio Antônio Carlos [...]. Ele veio logo conversar com meus pais, nos fez festa. Mais tarde soubemos que ele dissera: 'Nem a brancura da Elisinha, pôde com a cor dos Lacerda'".

O comentário daquele que era, em 1893, o indubitável centro de gravitação de todo um clã, além de ser o homem que conduzia a transformação radical da região — responsável por levar os Whitaker Lacerda para lá, pois fora ele, um parente distante, rico e poderoso, quem lhes vendera a gleba onde se situava a fazenda Paraizo —, tinha um sentido preciso, que ilumina a cena inicial da narrativa. Não era um qualquer que falava com os pais da menina de seis anos. Daí a lembrança indelével da frase: "Nem a brancura da Elisinha, pôde com a cor dos Lacerda".

Trata-se obviamente de um comentário sobre pureza racial, que provocou indignação perene na menina e se tornou o mote de uma narrativa plena de matizes subjetivos — o primeiro parágrafo é alfa e ômega de muitos deles.

Se o comentário do conde do Pinhal é mote, a resposta — uma réplica tardia da autora do diário — é o único ponto da narrativa que toca num tempo para além do casamento com Carlos Amadeu de Arruda Botelho, filho do autor da frase: "[...] nem o vermelhão do Amadeu pôde com a palidez dos Lacerda, pois, que a maioria de meus filhos, é pálido e moreno". Com isso, Brazilia se diz "pálida" como os Lacerda, portanto mais branca que os "vermelhos" Botelho.

O que o leitor pode entender é que a gradação da cor da pele servia como um juízo sobre qualidades morais que ia muito além da discussão dos dias atuais, fundada na importação do sistema conceitual binário norte-americano. Quem pensa com ele nem pode imaginar do que Brazilia e o conde do Pinhal estão falando — pois classifica a ambos igualmente como brancos da elite.

Tentemos entender a conversa do ponto de vista subjetivo. A frase do conde do Pinhal, que se gravou na memória da menina de tal maneira que funciona como organizadora da narrativa, é respondida com a defesa do que ela sentiu como honra racial ferida do pai: com a afirmação da vitória genética da palidez dos Lacerda (família da narradora) sobre a vermelhidão dos Arruda Botelho (seu marido e o sogro, autor da frase que soara ofensiva aos ouvidos da criança).

Mas talvez deva ser considerada também a hipótese de que tenha havido ironia por parte do conde, a qual a menina não tinha como perceber. O comentário do "tio" protegia sua mãe, Elisa Whitaker de Oliveira, parente dele, contra algumas histórias internas dos Whitaker, que sugeriam que tons mais escuros teriam chegado à família pelo lado dela. Em sendo assim, o comentário funcionaria na direção oposta.

Já nesse primeiro parágrafo começa a aparecer a riqueza do arranjo subjetivo da memória como fundamento para uma narrativa relevante. Brazilia não escreve nunca segundo o modelo do romance ou da interpretação histórica. Vai afirmando dados pessoais que se tornaram valores porque ela os carrega consigo a ponto de transformá-los em história do sentido de sua juventude.

A primeira casa da Paraizo vai sendo preenchida com os dados que fundam esse sentido pessoal. Não aparece exatamente como a casa senhorial dos padrões narrativos, porém como puxadinho, rancho de sapê montado em torno de um grande esteio — como as malocas dos índios que serviram de modelo para a edificação. Mas já adaptada também para a função inicial de rancho de tropas e depósito de material de construção, combinação adequada para o momento pioneiro de abertura de uma fazenda de café.

Ainda depois que a cobertura de sapê recebeu divisões de taipa de mão (outra mistura de técnica indígena, no caso do trançado de ripas, com o adobe europeu substituindo as folhas de palmeira) — "tabiques", como ela denomina corretamente —, manteve seu ar primitivo, pois as novas paredes funcionavam como precária separação entre cômodos.

Revendo a descrição dos móveis e utensílios da construção, depois recoberta por telhas, o leitor poderá perceber que os itens europeus são relativamente parcos, misturados com uma série de artefatos nativos como o pilão, a rede, a trempe. Sem falar na precariedade sanitária da "casinha".

As memórias vão povoando com pessoas esse espaço intermediário entre hábitos nativos e negócio moderno. Aquelas da família, certamente. Mas são memórias que não correspondem ao modelo de menina criada para ser servida por mucamas: aos seis anos a narradora já tinha sua cota de tarefas diárias, cuja boa execução ela relata com orgulho. As pessoas ao redor, na maioria criados da casa, aparecem muitas vezes associadas a lembranças de tais atividades — como a precisa descrição dos trabalhos no forno de lenha. Importante notar: são sempre lembranças de mulher.

Nelas há muito pouco sobre o trabalho no campo, o que não diminui o interesse do relato. Em geral as referências são a nomes e ocupações de pessoas — homens da colônia —, sempre bastante resumidas, mas nem por isso irrelevantes. Por exemplo: Brazilia classifica os trabalhadores por origem: ex-escravos, trabalhadores livres locais e colonos de procedência europeia. Homens que, apesar da origem diversa, são todos, agora, trabalhadores assalariados — marca do caráter capitalista do empreendimento, fazendo desaparecer as diferenças do passado nas tarefas racionalizadas do negócio.

Embora "café" seja também o termo analítico para entender a época, o café propriamente dito só comparece na narrativa numa receita de torra em casa. Dos cafezais, a lembrança maior é a de uma cena impressionante e remota: a da queima de centenas de hectares de mata derrubada — na visão permitida a uma menina.[1] (Quem se interessar por uma narrativa com enfoque masculino para o mesmo período e a mesma região pode recorrer à biografia de Alfredo Ellis[2] escrita por seu filho, Alfredo Ellis Jr., que também passou a infância numa fazenda pioneira. Como Candido Franco de

Lacerda, o pai do futuro historiador era um dos muitos paulistas com posses que estavam aproveitando as oportunidades oferecidas por grandes empresários como o conde do Pinhal na região. Médico formado, deixou a capital depois de comprar um lote. Nem ele nem o pai de Brazilia eram exatamente agricultores, mas antes empresários urbanos atraídos por um bom negócio.)

À medida que o tempo passa, a subjetividade das lembranças da menina se transforma em progressiva capacidade de observação da adolescente. O movimento se confunde com a ruptura de outra barreira frequente nas narrativas feitas de fora para dentro, nas quais a oposição entre rural e urbano, arcaico e moderno é fundamental. No texto de Brazilia, esses contrastes ganham novo sentido: simplesmente marcam os períodos do ano passados alternadamente na fazenda e na capital, o que permite outra espécie de compreensão.

Para isso também é preciso fazer uma certa avaliação do contexto urbano. Em 1887, ano em que Brazilia nasceu, São Paulo tinha 47 mil habitantes. Quando ela começou a passar temporadas na casa da rua Brigadeiro Tobias, na virada do século, a população da cidade praticamente sextuplicara — já chegava a 300 mil pessoas, das quais em torno de 30 mil eram operários industriais. Agora, mais de metade dos paulistanos eram estrangeiros, sobretudo italianos, que mal haviam tido tempo de aprender a língua de seu novo país.

Seria demais esperar de uma adolescente e até de sua família que dessem conta de toda essa mudança no instante mesmo em que ela ocorria. O processo adaptativo está presente na narrativa de forma muito interessante. O mundo dos adultos continua organizado como antigamente: visitas familiares, festas restritas a parentes — a herança da vida na pequena vila. Mas nem por isso aquele é um mundo isento de novidades. A missa dominical já não é rezada nas paróquias tradicionais. A vizinhança do bairro recém-instalado (eles se multiplicam, na cidade em explosão de crescimento) se reúne na capela da Beneficência Portuguesa, entidade fundada por caixeiros do comércio em 1859 e que, graças ao apoio de grandes empresários da colônia, especialmente o conde de São Joaquim, construíra o hospital e a capela na mesma rua em que ficava a casa dos Lacerda. Mais uma nuance na reacomodação geral.

A subjetividade da narrativa vai criando recortes urbanos. Espaços antigos, como o largo dos Curros e suas touradas, são registrados pela memória antes de desaparecerem (o largo se transformou na praça da República, e a arquibancada para touradas e jogos equestres foi aproveitada pela Escola Normal de São Paulo, depois Escola Caetano de Campos). Já o novo e ainda precário Jockey Club, o prado da Mooca, aparece como ponto de encontro social.

Outra novidade é o restaurante Progredior, marco de modernidade equipado com espelhos, ornamentos dourados, painéis no teto, uma fonte no salão — de onde jorravam bebidas —, orquestra com cantores líricos, garçons de jaqueta preta e avental branco. Esse cenário opulento foi necessário para tornar o estabelecimento um ponto de encontro das famílias abastadas: um lugar onde ver e ser visto em público, ao modo burguês. E, no detalhe narrativo, local onde a menina pôde reconhecer um novo papel para a mulher — embora não o desempenhasse ela mesma, registra o texto.

Mais um ponto relevante: apesar das oportunidades modernas, a vida social urbana permite menos integração no convívio social entre classes que a fazenda. Mesmo a portentosa sede nova da Paraizo, já de arquitetura inteiramente europeia, não estabeleceu uma separação completa entre pessoas e culturas. Na memória da adolescente, a festa de inauguração grava a cultura popular, a congada e seus participantes — também um caminho para a adaptação dos colonos imigrantes.

Só que agora as manifestações populares já estão mais distantes da flauta do pai e do piano da mãe, das lições das preceptoras europeias, do tempo das leituras. E a complexidade das tarefas domésticas nesse momento nos possibilita vislumbrar outro sentido interessante do texto: como tantas de sua classe, a menina aprendera na infância administração e contabilidade, ajudando o pai fazendeiro. Agora sabe contar como o dinheiro vai e vem. Registra a queda da fortuna do conde do Pinhal, abatida pelo fracasso do projeto de abertura de novas glebas. Narra o destino do tio alcoólatra, que perde tudo. Conta como o amor ao violão custou caro ao alegre parente. Enfim: de boba, em assuntos de negócio, a Brazilia adulta não tinha nada.

 E assim chega-se ao ponto final da subjetividade narrativa. Desse ponto em diante, a menina se dissolve no casamento e perde seu nome de narradora. Vale notar a dose extrasseca de sensualidade entre marido e mulher: Brazilia não se permite nem mesmo o relato de um só contato físico ao longo de anos de sedução. Vida que segue em silêncio de letras — mas com a visão renovada de um tempo.

Jorge Caldeira é autor de doze livros sobre história do Brasil, entre os quais se destacam Mauá: empresário do Império e História da riqueza no Brasil. Seus temas cobrem desde a Colônia (O banqueiro do Sertão: biografia do padre e empresário Guilherme Pompeu de Almeida — 1656-1713) até tempos recentes (Ronaldo: glória e drama no futebol globalizado).

A partir de 1995, quando lançou o conjunto livro-CD--ROM-site Viagem pela história do Brasil, passou a utilizar recursos de tecnologia da informação em suas produções. Disso resultaram obras como o site www.obrabonifacio.com.br — a maior reunião existente de documentos sobre o patriarca da Independência —, os nove volumes da coleção Formadores do Brasil (além da direção-geral, organizou os volumes José Bonifácio de Andrada e Silva e Diogo Antônio Feijó) e o livro Brasil: a história contada por quem viu, uma coletânea que reúne testemunhos pessoais de eventos ocorridos ao longo de cinco séculos. Sua empresa, a Mameluco Edições, presta serviços de comunicação e informatização de arquivos históricos.

NOTAS

DIAS ENSOLARADOS NO PARAIZO (P. 9-68)

1 Nesta edição, mantiveram-se a sintaxe e a pontuação do original (exceto nos raros casos em que dificultavam a compreensão), e atualizou-se a ortografia — com exceção dos nomes da fazenda (Paraizo) e da narradora (Brazilia), que foram mantidos com a grafia original. (N. do E.)

2 Todos os colchetes do texto são do original. (N. do E.)

3 Neste ponto do manuscrito se encontram as anotações reproduzidas no Apêndice (p. 69). (N. do E.)

POSFÁCIO (P. 85-101)

1 O leitor que quiser conhecer um ponto de vista masculino pode recorrer a *In memoriam: Martinho Prado Júnior*. Na p. 19 há um relato feito por quem viu de perto a queima de 280 alqueires de uma só vez.

2 Alfredo Ellis Jr., *Um parlamentar paulista da República*. São Paulo: João Bentivegna, 1950.

Este livro foi composto em Freight text em janeiro de 2020.